KB211556

4시간반
숙면법

"4-JIKANHAN JUKUSUI-HO" by Takuro Endo
Copyright ⓒ Takuro Endo 2009.
All rights reserved
First published in Japan by FOREST Publishing Co., Ltd., Tokyo.
This Korean edition is published by arrangement with FOREST Publishing Co., Ltd., Tokyo
in care of Tuttle-Mori Agency, Inc., Tokyo through Shinwon Agency Co., Seoul.

이 책의 한국어판 저작권은 신원에이전시를 통한
FOREST Publishing Co., Ltd.와의 독점 계약으로 도서출판 이아소에 있습니다.

세계 제일의 수면 전문의가 가르쳐 주는

4시간반
숙면법

엔도 다쿠로 지음 | **임정희** 옮김

이아소

그대는 인생을 사랑하는가?
그렇다면 시간을 낭비하지 말라.
왜냐하면 시간은 인생을 구성한 재료니까.
똑같이 출발했는데,
세월이 지난 뒤에 보면 어떤 사람은 뛰어나고
어떤 사람은 낙오자가 되어 있다.
이 두 사람의 거리는
좀처럼 접근할 수 없는 것이 되어 버렸다.
하루하루 주어진 시간을 잘 이용했느냐,
이용하지 못하고 허송세월을 보냈느냐에
인생의 성공과 실패가 달려 있다.

- 벤자민 프랭클린

성공하는 인생을 사는 수면의 기술

수면 전문의로 오랫동안 일하다 보니 많은 분들에게 이런 질문을 받는다. "수면 시간은 어디까지 줄일 수 있나요?" "가능한 한 짧은 시간 동안 깊이 자려면 어떻게 해야 하나요?" "업무나 공부에 최고의 능률을 발휘할 수 있는 단기 숙면법은 무엇인가요?"

이 책은 위와 같은 궁금증을 주제로 다루고 있다. 사실 이 주제에 관한 연구는 상당히 오래 전부터 진행되고 있으며 분명한 결론이 나와 있는 상태다. 그러나 아쉽게도 이 분야에 관해서는 아직 어려운 학술서밖에 없는 실정이다. 일반인들이 이 분야에 관해 알고 싶어도 쉽게 읽을 만한 책이 없다. 가능한 한 알기 쉽고 자세하게 **올바른 단기 숙면법**을 설명하고 싶어서 이 책을 쓰게 되었다.

이 책을 손에 든 독자들은 이런 생각을 하고 있을 것이다. **"수면 시간을 가능한 한 짧게 줄이고, 그만큼 더 내 시간을 갖고 싶다."**

자유롭게 쓸 수 있는 시간이 늘어나면, 그만큼 더 **업무나 공부, 취미 활동**을 할 수 있을 것이다.

물론 수면 시간을 줄이는 것 외에도, 시간을 효율적으로 사용하는 방법을 연구할 필요가 있다. 그러나 정말로 자신의 꿈을 이루고자 한다면, 아무래도 인생의 3분의 1을 차지하고 있는 수면 시간을 줄이는 것이 **가장 효율적인 '시간 절약법'** 이 될 것이다. 인생은 짧고, 자유롭게 쓸 수 있는 시간은 한정되어 있으니 말이다.

우선 분명히 말할 수 있는 점은, **많이 자는 것은 좋지 않다**는 것이다. 지나치게 많이 자면 몸에 부담이 갈 뿐만 아니라 뇌를 100퍼센트 활용할 수도 없게 된다. 올바른 단기 숙면법은 **뇌의 컨디션을 정비하는 데에도 매우 유효한 방법**이 되어야 한다.

그렇다면 수면 시간은 어디까지 줄일 수 있을까?

요즘 베스트셀러가 되고 있는 자기계발서를 보면 이런 이야기들이 많이 나온다. **수면 시간은 하루 3시간이면 충분하다든가 3시간 이상 자는 것은 타성에 젖은 습관에 지나지 않는다**는 내용이다. 그 유명한 나폴레옹의 일화 중에도 나폴레옹이 하루에 2~3시간밖에 잠을 안 잤다는 이야기가 있다. 그 덕분에 **하루에 3시간 자는 것이 단기 수면법의 왕도**라는 생각이 마치 상식처럼 널리 퍼지지 않았나 싶다.

과연 '하루 3시간 수면법'이 정말로 문제가 없는 것일까?

결론부터 말하자면, 이 질문에는 확실하게 **"아니요."**라고 말할 수 있다. 최신 연구 결과를 통해 **'3시간 수면법'을 계속하는 것은 좋지 않다**

는 결론이 분명하게 내려졌기 때문이다. 특히 업무나 공부에 최고의 능률을 발휘하고 싶다면 더욱더 그렇다. **무턱대고 수면 시간을 줄이면 불면증으로 이어질 가능성도 있고 몸이 망가질 위험도 있다.** 아무런 지식도 없이 함부로 단기 수면법을 실천하는 것은 매우 위험한 일이다.

그러면 도대체 어떻게 해야 될까?

해답은 '**4시간 반 숙면법**'이다. 자세한 내용은 이 책을 읽으면 알게 되겠지만, 이것은 매일 4시간 반만 자면 된다는 단순한 수면 방법이 아니다. 나는 수면 전문의로서 4시간 반 숙면이 **인간이 줄일 수 있는 수면 시간의 한계**라고 생각한다. 이 방법을 잘 활용하면, 수면 시간을 효율적으로 줄여 자유롭게 쓸 수 있는 시간을 늘릴 수 있을 뿐만 아니라 **업무나 공부를 하는 데도 최고의 능률을 발휘**할 수 있다. 물론 **몸에도 부담을 주지 않는 단기 숙면법**이니, 독자 여러분도 마음 놓고 실천해 보기를 권한다.

수면 시간과 똑같이 중요한 것이 **수면의 질을 얼마나 높일 수 있을 것인가** 하는 점이다. 특히 단기 수면법을 실천할 때는 반드시 질 좋은 수면을 취해야 한다. 이 책에서는 **수면의 질을 향상시키는 방법**에 관해서도 자세히 설명할 것이다. 여기서 소개하는 방법을 실천하면 **수면의 질이 좋아져서 잠자리에서 상쾌하게 일어날 수 있고, 아침부터 활기찬 하루를 시작**할 수 있을 것이다.

제1장에서는 **수면 시간을 어디까지 줄일 수 있을 것인가**를 주제로 '4시간 반 숙면법'을 자세히 설명할 것이다.

제2장에서는 **수면의 메커니즘**을 자세하게 설명할 것이다. '4시간 반 숙면법'을 실천하는 데에 반드시 알아두어야 할 중요한 지식이니 꼼꼼히 읽어주기 바란다.

제3장에서는 **수면의 질을 높이는 방법**을 자세히 설명할 것이다. 수면의 질을 높이고자 나 자신이 실천하고 있는 방법도 함께 소개한다.

혹시 불면증이 아닌가 걱정하는 사람이 있을지 모르겠다. 그런 경우에 병원에 가서 약을 받아 오기 전에 실천해볼 만한 방법도 꽤 많다. 우선 이 장에 나와 있는 방법부터 실천해보기 바란다.

제4장에서는 **숙면을 도와주는 제품**을 소개한다. 수면의 질이 나쁜 것 같다는 느낌이 들거나 불면증으로 고생하고 있는 사람이 있다면, 꼭 여기서 소개하는 제품을 사용해보기 바란다. 하루가 다르게 진보하고 있는 연구기술 성과를 실감할 수 있을 것이다.

이 책은 현재까지 진행되어 온 연구 성과들을 집대성한 것이다. 이 책이 독자 여러분이 알찬 인생을 살아가는 데 도움이 되기를 진심으로 기원한다.

엔도 다쿠로

차례

1장

건강도 챙기고
시간도 버는
4시간 반 숙면법

가장 적정한 수면 시간은?

나는 수면 전문의로서 매일 환자들을 만나고 있는데, 언제나 이런 질문을 받는다.

"선생님, 사람은 도대체 몇 시간을 자면 되나요?"

"인간의 수면 시간은 몇 시간이 적당한가요?"

이 질문에 답을 주는 아주 흥미로운 실험 결과가 있다. 미국 캘리포니아 대학의 크립키(Daniel Kripke)라는 학자가 '6년 후에 생존하고 있을 가능성이 가장 높은 사람의 수면 시간'을 조사했다. 그랬더니 이들이 대체로 **6시간 반에서 7시간 반**을 자고 있다는 사실이 밝혀졌다. 이런 경향은 나이가 많을수록, 노인일수록 현저하게 나타났다고 한다.

이 실험은 **인간의 적정 수면 시간이 얼마인지를 보여주고 있다.** 왜냐하면 노인의 생존율이 높다는 것은 **6시간 반에서 7시간 반이 몸에 가장 부담을 주지 않는 수면 시간**이라는 것을 증명하고 있기 때문이다.

젊을 때는 체력이 있기 때문에 수면 시간이 몇 시간이든 생존율에 그다지 큰 영향을 미치지 않는다. 그러나 나이가 많을수록 수면 시간은 점점 생명 유지에 영향을 미치게 된다. 6시간 반에서 7시간 반을 자고 있는 노인들의 생존율이 높다는 것은, 이 수면 시간을 유지하는 것이 몸에 가장 부담을 주지 않는다는 것을 의미한다.

그런데 여기서 몇 가지 문제에 부딪치게 된다. 우선 **하루하루가 바쁜 직장인이 하루 6시간 반에서 7시간 반을 잘 수 있겠느냐** 하는 문제를 들 수 있다. 경제 환경은 나빠지고 있고 근로 환경도 힘들어지고 있다. 그런 와중에 회사나 거래처 사람들과도 좋은 관계를 만들어가야 한다. 업무다 인간관계다 해서 정신없이 바쁜 직장인이 매일 6시간 반에서 7시간 반 동안 규칙적으로 잔다는 것은 참으로 꿈같은 일이 아닐 수 없다.

성공을 향해 달리고 있는 진취적인 직장인도 마찬가지다. **성공했다는 말을 듣는 사람들을 보면, 대개 수면 시간을 줄여서 남들보다 더 많은 시간을 업무에 쏟아 붓는다. 그렇게 해서 경쟁에서 살아남아 성공을 쟁취한 것이다.** 남들과 똑같이 자면서 성공을 손에 넣기란 아무리 봐도 쉬운 일이 아니다.

그러면 수면 시간은 도대체 어디까지 줄일 수 있을까? 여기서는 우선 이 의문부터 풀어나가기로 해보자.

인간의 적정 수면 시간은
6시간 반에서 7시간 반이다!

수면에는 주기가 있다

수면 시간을 어디까지 줄일 수 있느냐는 질문에 답하기 전에 반드시 알아두어야 할 것이 있다. 바로 **수면 주기**라는 것이다. 수면 주기란 무엇일까? (수면 주기는 수면과 관련된 책에는 반드시 나오는 내용이다. 이미 알고 있는 사람도 많을 텐데, 그렇다면 이 부분은 읽지 않고 건너뛰어도 상관없다.)

우선 수면의 종류에는 두 가지가 있다. 하나는 **꿈을 꾸는 '렘 수면'**이고 다른 하나는 **거의 꿈을 꾸지 않는 '논렘 수면'**이다. 20쪽 표를 보기 바란다.

이 표를 보면 알겠지만, 수면은 렘 수면과 논렘 수면이 한 세트를 이루고 있다. 이것을 약 90분 주기로 4회에서 6회 되풀이하다가 잠

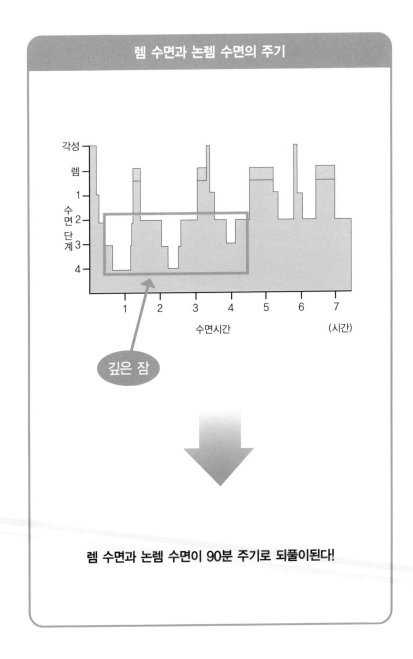

렘 수면과 논렘 수면의 주기

각성
렘
1
수 2
면
단 3
계
4

1 2 3 4 5 6 7

수면시간   (시간)

깊은 잠

렘 수면과 논렘 수면이 90분 주기로 되풀이된다!

에서 깨어나는 것이다. 즉, 수면의 기본 주기는 90분이다. 그러므로 **90분의 배수로 잠을 자면, 맑은 정신으로 눈을 뜰 수 있고 효율적으로 잠을 잘 수가 있다.**

수면의 종류는 왜 두 가지가 있는 것일까? 두 가지 수면이 각각 다른 역할을 하고 있기 때문이다.

우선 꿈을 꾸는 렘 수면을 보자. 렘 수면의 주요 역할은 **마음의 상태를 보수하고 유지하는 것**이다. 사람은 렘 수면이 이루어지는 동안, 낮에 경험했거나 공부한 것을 기억의 서랍 속에 집어넣고 우울증 같은 '마음의 병'을 예방한다. 렘 수면의 특징은, **처음 잠들었을 때(수면 전반부)는 지속 시간이 짧고 새벽(수면 후반부)으로 갈수록 길어진다**는 것이다.

한편, 거의 꿈을 꾸지 않는 논렘 수면의 역할은 **몸과 뇌에 휴식을 주고 신체의 성장을 돕는 것**이다. 뒤에서 자세히 설명하겠지만, 어린이의 성장과 어른의 건강 유지, 깨끗한 피부에 필요한 성장 호르몬이 바로 논렘 수면 시간에 분비된다.

또 논렘 수면은 20쪽의 표를 보면 알 수 있듯이 1에서 4까지 번호가 매겨져 있는데, 이 번호가 클수록 깊이 잠든 상태라는 것을 나타낸다.

논렘 수면의 특징은 **잠들기 시작해서 처음 3시간 안에 많이 나타난다**는 것이다. 아침에 자든지 저녁에 자든지 관계없이 '잠들고 나서부터 3시간 동안'이다.

여기서는 **수면에는 두 종류**가 있다는 것 그리고 수면 주기를 생각하면 **90분의 배수를 자는 것이 효과적**이라는 사실을 기억해두기로 하자.

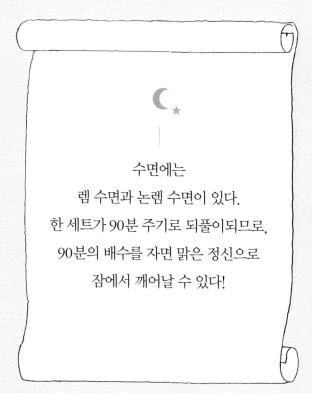

수면에는
렘 수면과 논렘 수면이 있다.
한 세트가 90분 주기로 되풀이되므로,
90분의 배수를 자면 맑은 정신으로
잠에서 깨어날 수 있다!

하루 3시간 수면법은
정말로 가능한가

그러면 **수면 시간을 어디까지 줄일 수 있는지**, 수면에 관한 최신 연구 결과를 바탕으로 자세히 알아보기로 하자.

'여는 글'에서도 이야기했지만, 위인들의 이야기나 자기계발서의 영향 때문에 **수면 시간은 하루 3시간으로 충분하다**는 생각이 널리 퍼져 있는 것 같다. **정말로 사람은 하루 3시간 수면으로 살아갈 수 있을까?**

이 문제에 대답이 될 수 있는 실험이 실제로 미국에서 실시된 적이 있다.

25쪽 논문 내용을 보기 바란다.

이 내용은 1965년 플로리다 대학의 웹(Wilse B. Webb) 교수가 미국 공군의 지원을 받아 "8일 동안 3시간만 자면 어떻게 되는가?"를 주제

Sleep: Effects of a Restricted Regime

WILSE B. WEBB
H.W.AGNEW,JR

Abstract. Eight young male subjects were permitted to sleep only 3 hours out of each 24 for 8 days. Electroencephalographic recordings were made during the 3-hour period of sleep.

There was an increase in the amount of deep sleep (stage 4) during this period.

On a recovery night, the first 6 hours revealed a significant increase in deep sleep, and beyond this period there was a sharp increase in stage 1-rapid eye movement sleep.

··· 중략 ···

Whatever the basis, it may be said that achronic, partial deprivation of sleep does result in a response decrement.

번역문

젊은 남성 8명을 대상으로 8일 동안 3시간밖에 재우지 않는 실험을 했다. 실험 기간 동안 (수면 시간이 짧아진 만큼 질로 보충하려는 듯이) 깊은 잠이 증가했다. 8일 동안 3시간만 자게 한 후, 제한 없이 잠을 자도록 했다. 그랬더니 처음 6시간은 깊은 잠이 늘어났으나, 6시간이 지나자 렘 수면이 증가했다.

··· 중략 ···

만성적인 수면 부족은 확실하게 작업 반응을 떨어뜨리는 결과를 보여주었다.

– 출전 〈Sleep: Effects of a Restricted Regime〉에서

로 실험하고 쓴 논문을 요약한 것이다.

이 실험은 미국 공군이 지원했다. 목숨이 걸린 임무를 수행하는 공군에게는 "인간은 수면 시간을 어디까지 줄일 수 있는가?", "격심한 임무를 수행하려면 최소한 몇 시간을 자야 하는가?" 하는 문제가 지극히 중요한 사항이었기 때문이다.

실험 결과, 수면 시간이 3시간 이하인 상태가 계속되면 '논렘 수면(깊은 잠)이 약간 부족하고 렘 수면(얕은 잠)이 명백히 부족한 상태'가 된다는 것이 밝혀졌다.

여기서 더욱 중요한 점이 있다. 수면 시간이 3시간 이하인 상태가 계속되면 시각 관련 업무에서 실수를 저지르는 경우가 상당히 늘어난다는 사실이 밝혀진 것이다. 시각 관련 업무에는 운전이나 컴퓨터 작업 등 독자들이 하고 있는 중요한 업무에 포함되어 있는 것들도 많다. 이런 작업을 하면서 실수를 되풀이하게 된다면 치명적인 결과가 나타날 수 있다. 웹 교수도 일찍이 이 문제를 지적했다.

1965년에 이루어진 실험 이후 9년 동안, 웹 교수는 다양한 실험을 계속했다. 그 결과 **3시간 이하의 수면 시간으로는 시각 관련 업무에 지장이 초래된다**는 사실을 다시 한 번 증명해 보여주었다.

성공을 향해 달리는 직장인이라면 수면 시간을 줄일 수밖에 없다. 그런데 수면 시간을 줄인 결과 업무 실수가 늘어난다면, 모든 노력이 말짱 헛일이 되고 말 것이다.

스리마일 섬이나 체르노빌 원전 사고 또는 스페이스셔틀 챌린저호 폭발 사건 등, **최근의 산업사고가 대부분 수면 부족 때문에 일어났다는** 연구 보고서가 미국에서 나오고 있다. 뿐만 아니라 산업사고가 전체적으로는 줄어들고 있는 데 반해 중대한 사고는 증가하고 있는 실정이다.

그러므로 안이한 생각으로 적당히 단기 수면법을 실천해서는 안 된다. 왜냐하면 '**올바른 단기 수면법**', '**최고의 능률을 발휘할 수 있는 단기 숙면법**'이 아니면 **중대한 실수를 저지를 위험**이 있기 때문이다. 앞에서 설명한 웹 교수의 실험을 통해 **하루 3시간 수면을 계속하는 것은 무리라는** 결론을 내릴 수 있다.

가장 좋은 무게 중심은?

그러면 **업무에 지장을 주지 않을 수 있는 데드라인은 도대체 몇 시간일까?** 그 문제를 자세히 알아보기로 하자.

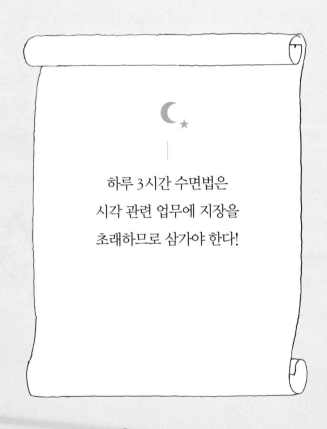

하루 3시간 수면법은
시각 관련 업무에 지장을
초래하므로 삼가야 한다!

4시간 반 숙면법,
가장 효율적인 수면 시간 단축법

여기서는 수면 전문의 입장에서 추천하고 싶은 단기 숙면법을 소개하고자 한다. 물론 이 방법은 **업무나 공부에 최고의 능률을 발휘할 수 있는 수면 시간 단축법**이다.

우선 독자 여러분이 알아두었으면 하는 것이 있다. **수면 시간을 매일 6시간씩만 확보할 수 있다면, 낮에 졸음이 쏟아진다거나 능력을 제대로 발휘하지 못하는 일은 없다**는 것이다.

이것은 1973년 캘리포니아 대학의 존슨(C. Johnson)을 비롯한 학자들의 공동 연구로 밝혀진 내용이다. **무리하지 않고 작업 능률을 떨어뜨리지 않는 한도 안에서 단축할 수 있는 수면 시간은 6시간까지**라는 실험 결과가 나온 것이다. 매일 일정한 수면 시간을 확보해야 한다고 할 때, 필요한 시간은 최소한 6시간이다.

　매일 6시간을 잔다면, 이는 단기 수면이라고 할 수 없다. 여기서 제안하고 싶은 방법은, **매일 수면 시간에 변화를 주어서 수면 시간의 총합을 줄이는 것**이다.

　그러면 어떻게 변화를 주면 좋을까? 일단 31쪽에 나오는 논문 내용을 보기 바란다. 한 실험에서 8시간씩 자고 있던 사람에게 **일주일 중 4일은 4시간씩 자고, 나머지 3일은 8시간씩 자도록** 했다. 이 실험은 수면학으로 유명한 취리히 대학의 보벨리(Alexander A. Borbely) 교수 연구실에서 1993년에 이루어졌다. 다음은 그 실험 논문을 요약한 것이다.

　이 실험에서 4일 동안 하루 4시간만 자면 성장 호르몬 분비를 촉진하는 논렘 수면(깊은 잠)은 유지되는 반면에, 마음을 보수하고 유지하는 렘 수면(얕은 잠)은 약간 줄어든다는 사실이 밝혀졌다.

　그러면 이 부족한 부분은 얼마를 자야 보충되는 것일까?

　보벨리 연구실의 결과에 따르면, **하루만 보통 때처럼 8시간을 자면 회복된다.** 즉, 4일 동안 4시간만 잤어도, **하루만 보통 때 자던 만큼 자면 그 부족분이 회복된다**는 것이다.

　이러한 연구 결과를 바탕으로 나는 이렇게 제안한다.

Repeated Partial Sleep Deprivation Progressively Changes the EEG During Sleep and Wakefulness

Daniel P.Brunner, Derk-Jan Dijk and Alexander A.Borbely
Institute of pharmacology, University of Zurich, Zurich, Switzerland

Summary:

The effect of repeated partial sleep deprivation on sleep stages and electroencephalogram (EEG) power spectra during sleep and wakefulness was investigated in nine healthy young subjects. Three baseline nights of 8 hours (2300-0700 hours) were followed by four nights with 4 hours of sleep (2300-0300 hours) and three recovery nights of 8 hours (2300-0700 hours).

Sleep restriction curtailed sleep stages 1 and 2 as well as rapid eye movement (REM) sleep, but left slow wave sleep largely unaffected. In the first two recovery nights, total sleep time and REM sleep were enhanced, and sleep latency was shortened.

Slow wave sleep was increased only in the first recovery night.

번역문

요약: 젊은 피실험자 9명을 대상으로, 연속적으로 수면 제한을 했을 때 수면 상태가 어떻게 변하는지를 조사했다. 보통 23시에서 7시까지 8시간을 자고 있던 사람에게 4일 동안 23시에서 3시까지 4시간만 자도록 제한을 하고, 그 뒤 3일 동안은 23시에서 7시까지 8시간을 자도록 했다. 그러고 나서 회복 정도를 살펴보았다.

4시간으로 수면 시간을 제한했을 때는 얕은 잠과 렘 수면이 줄어들었으나 깊은 잠은 그다지 줄어들지 않았다. 4시간씩 수면 제한을 하고 난 뒤, 처음 2일 동안은 총 수면 시간과 렘 수면 시간이 늘어났고 잠도 잘 잤다. 그러나 깊은 잠은 첫날에만 조금 늘어났을 뿐이다.

4일 동안 4시간씩 자도 하루만 보통 때처럼 8시간을 자고 나면 성장 호르몬 분비를 촉진하는 깊은 잠이 회복된다!

– 출전 〈Repeated Partial Sleep Deprivation Progressively Changes the EEG During Sleep and Wakefulness〉에서

- 평일(월요일~금요일) 5일 동안은 4시간 반씩 자면서 졸음을 이긴다.
- 토요일과 일요일 중 하루는 7시간 반 수면으로 몸을 회복한다.
- 토요일과 일요일 중 하루는 자신의 능력 발휘에 지장을 주지 않는 6시간 수면을 취한다.

왜 평일 수면 시간이 4시간이 아니고 4시간 반일까? 앞에서 이야기한 바와 같이 90분의 수면 주기를 고려했기 때문이다.

수면 시간을 4시간으로 하면, 수면 주기를 볼 때 깊은 잠을 자다가 말고 눈을 떠야 한다. 그러면 일어나기가 매우 힘들어서 습관을 들이기 어려울 수 있다. **맑은 정신으로 눈을 떠서 아침부터 씩씩하게 활동할 수 있으려면 4시간 반이 가장 적당하다** 하겠다.

토요일이나 일요일 수면 시간을 **7시간 반**으로 한 것 역시 90분 수면 주기를 염두에 두었기 때문이다.

앞에서 이야기한 크립키의 실험에서 증명된 것처럼, 6시간 반에서 7시간 반은 사람의 몸에 가장 부담을 주지 않는 수면 시간이다. **7시간 반은 90분이라는 수면 주기를 생각할 때 가장 적당한 수면 시간**이라고 할 수 있다.

내가 제안하는 4시간 반 수면과 하루에 8시간씩 규칙적으로 수면을 취하는 방법을 비교해보자. 4시간 반 수면법으로 1년에 약 50일을

월 화 수 목 금 토 또는 일

1h
2h
3h
4h
5h
6h
7h

절약할 수 있다는 계산이 나온다. 나아가 이 수면 방법을 50년 동안 계속 실천하면 약 2,500일을 절약할 수 있다. 이 늘어난 시간에 수면 시간을 포함해서 계산을 하면, **인생이 약 10년 더 길어진다**는 계산이 나온다.

매일매일 조금씩 쌓인 시간이 인생에 어떤 영향을 미칠 것이라는 생각이 드는가? 현명한 독자라면 어렵지 않게 상상할 수 있을 것이다.

몸에 부담을 주지 않으면서 업무에도 지장을 초래하지 않는 단기 수면법의 데드라인이라고 할 수 있는 것이 바로 여기서 제안하는 수면 방법이다. 수면 전문의로서 자신 있게 추천하는 방법이니 모쪼록 직접 실천해보기 바란다.

자, 이렇게 해서 자유롭게 쓸 수 있는 시간이 늘어난다면 여러분은 무엇부터 하고 싶은가?

단기 수면법을 실천하고 싶다면,
평일은 4시간 반, 토요일이나 일요일에는
7시간 반을 자는 것이 최선이다!

5

잠에도 품질이 있다

몇 시간을 자면 되는지는 앞에서 구체적으로 설명했다. 그러나 업무나
공부에 최고의 능률을 발휘하는 단기 수면법을 실천하고자 할 때, 이
것만으로는 부족하다. 왜냐하면 수면 시간 외에 **또 하나 중요한 요소**가
있기 때문이다. 바로 **수면의 질**이다.

예를 들어 평일에 4시간 반 자는 방법을 실천한다고 해보자. 이때,
밤 11시부터 오전 3시 반까지 자는 것과 오전 4시부터 오전 8시 반까
지 자는 것은 질에 있어서 전혀 다르다.

수면 시간과 질의 관계를 간단히 공식화하면 다음과 같다.

수면 시간(길이) × 수면의 질(깊이) = 수면 양

쾌적한 수면을 취하려면 수면 시간만이 아니라 **수면의 질을 높일 수 있는 올바른 지식도 필요**하다.

38쪽 표를 보자. 이 표는 어린이의 수면 시간과 어른의 수면 시간을 비교한 것인데, 잘 보면 **깊은 잠을 자는 논렘 수면이 결정적으로 다르**다는 것을 알 수 있다. 나이가 많을수록 깊은 잠에 들지 못하고, 각성 시간이 길어지고 있다. **사람은 나이가 들수록 수면의 질이 나빠질 뿐만 아니라 잘 잠들지도 못한다.**

일반적으로 많이 알려져 있지 않은 사실이 있는데, **잠드는 데도 힘이 필요하다.** 나는 이것을 '**수면력**'이라고 부르고 있다.

대체로 사람들은 피곤하면 에너지가 다 없어져서 잠이 온다고 생각한다. 사실은 잠드는 데에도 에너지가 필요하다.

젊을 때는 수면력을 갖고 있기 때문에 잠자는 문제를 놓고 그다지 심각하게 생각할 이유가 없다. 그러나 앞에서도 이야기했지만, 사람은 나이가 들면 점점 잠들기가 어려워진다. **자연의 이치라고 그냥 놔두면, 어느새 수면의 질이 점점 나빠진다.**

미국에서는 수면 교육이라고 해서, 잠드는 문제에 관해 공부하는

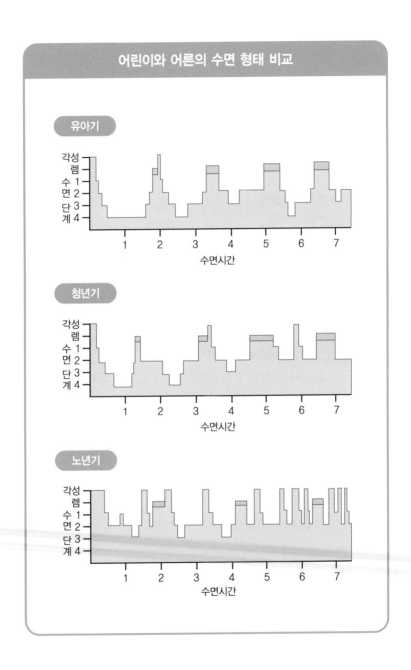

어린이와 어른의 수면 형태 비교

유아기

각성
렘
수 1
면 2
단 3
계 4

1 2 3 4 5 6 7

수면시간

청년기

각성
렘
수 1
면 2
단 3
계 4

1 2 3 4 5 6 7

수면시간

노년기

각성
렘
수 1
면 2
단 3
계 4

1 2 3 4 5 6 7

수면시간

것이 상식이다. 그러나 아직 우리나라는 그런 인식이 확산되어 있지 않다. 보통 사람이 수면에 관해 자세히 알아보고 싶어도, 전문가가 쓴 책은 너무 어려워서 읽을 수가 없는 실정이다.

　다음 장에서는 4시간 반 숙면법을 실천하는 데 필요한 **수면의 질을 높이는 방법**을 다룬다. 그에 관한 **기초 지식**을 가능한 한 알기 쉽게 풀어서 설명하고자 한다.

잠에 관해 잘 알고 나서
품질 좋은 잠을 자자!

수면의 질을 높이려면
우선 올바른 지식을 쌓자!

4시간 반 숙면법에
성공하려면
알아두어야 할 것들

체온이 떨어지면 잠이 온다

이 장에서는 수면의 질을 높이는 데 필요한 지식을 정리해보고자 한다. 우선 **잠을 잘 때 몸에서는 도대체 어떤 일이 일어나는지**부터 자세히 설명해보기로 하자.

사람은 기본적으로 밤이 되면 잠이 오게 되어 있다. 이때 **체온**에 큰 변화가 일어난다. 44쪽 표를 보자.

잠들기 시작할 때 체온이 1°C 정도 급격히 떨어지는 것을 확인할 수 있다.

이것은 뇌에서 명령이 떨어졌기 때문인데, **체온이 급격히 떨어지면 사람은 잠이 오게 되어 있다. 체온의 변화가 급격하면 사람은 잠들게 되는 것이다.**

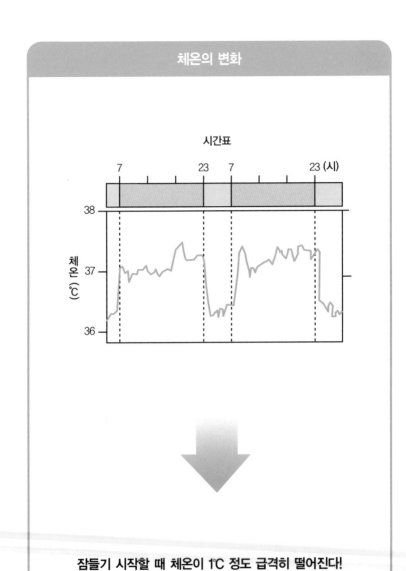

체온의 변화

시간표

잠들기 시작할 때 체온이 1℃ 정도 급격히 떨어진다!

여기서 문제가 되는 것이 하나 있다. 도대체 어떻게 해서 체온이 짧은 시간에 1℃나 떨어지게 되느냐 하는 것이다.

여기서 잠깐 **고깃덩어리 안에 튜브를 집어넣고 그 안에 찬물을 흘려보내는 모습**을 상상해보기 바란다. 어떻게 체온이 떨어지는지 좀 더 쉽게 짐작할 수 있을 것이다.

구체적으로 60킬로그램짜리 고깃덩어리가 있다고 가정해보자. 이 고깃덩어리를 방치해두기만 해서는 내부 온도가 떨어지지 않는다.

그 안에 튜브를 꽂아 찬물을 흘려보낸다면 어떻게 될까? 1℃ 정도는 쉽게 떨어뜨릴 수 있지 않을까?

사실은 이와 똑같은 일이 매일 밤 우리 몸속에서 일어나고 있다. 사람의 몸에서 **튜브와 같은 역할을 하는 것이 혈관이고 찬물 역할을 하는 것이 혈액이다. 차가운 혈액이 흐르면서 체온이 급격히 떨어져, 잠이 오는 것이다.**

여기에 문제가 또 하나 있다. 온몸을 돌면서 뜨거워진 혈액의 온도를 도대체 어디에서 떨어뜨리는가 하는 것이다.

온몸을 순환하는 혈액은 당연히 온도가 높아져 있다. 이 혈액을 어디에선가 차게 식혀야만 체온이 떨어질 것이다. **어디선가 혈액을 차게 식혀 체온을 떨어뜨리지 않으면 사람은 잠들 수가 없다.**

그러면 어디서 혈액을 차게 식힐 것인가? 답은 바로 **손과 발**이다. 왜냐하면 손과 발이 **몸의 다른 부분에 비해 가장 가늘기 때문**이다. 가늘다는 것은 그만큼 외부 공기와 접촉하기 쉽고, 그만큼 체온을 떨어뜨리기에 적합하다는 뜻이다.

혈액은 손과 발의 말단 부분을 지나면서 **외부 공기의 영향**을 받아 온도가 떨어진다. 그렇게 차가워진 혈액을 다시 온몸으로 순환시켜 체온을 떨어뜨리는 것이다.

혹시 '이제 슬슬 자야겠다.'라고 생각했을 때 **왠지 손과 발에서 열이 나는 것 같다**고 느낀 적이 없는가? 이것은 뇌에서 체온을 떨어뜨리라는 명령이 내려와, 온도가 높은 혈액이 손과 발 쪽으로 몰리고 있기 때문이다. 이처럼 **손과 발이 마치 라디에이터처럼 열을 발산하여 체온을 급격히 떨어뜨림으로써 잠이 드는 것**이다.

바로 이런 점을 응용하여 수면의 질을 높일 수 있으니, 이 사실을 반드시 잘 기억해두자. 이 사실을 이용하여 쾌적하게 잘 수 있는 숙면 방법을 제3장에서 구체적으로 소개할 것이다.

체온을 떨어뜨리는 메커니즘

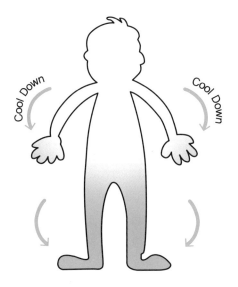

온도가 높은 혈액이 손과 발을 지나며 차가워지고,
차가워진 혈액이 다시 온몸을 순환한다.
이렇게 해서 체온이 떨어지면 잠이 오게 된다!

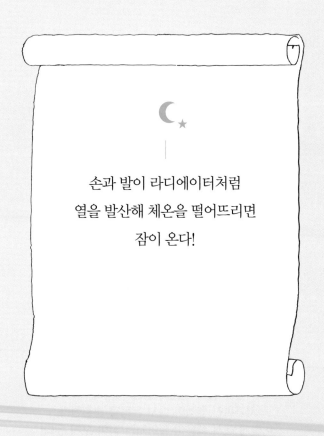

손과 발이 라디에이터처럼
열을 발산해 체온을 떨어뜨리면
잠이 온다!

건강한 몸과 깨끗한 피부를 위해
성장 호르몬을 사수하라

이제부터 **수면과 건강에 밀접한 관계가 있는 호르몬**에 관해서 몇 가지 이야기를 하고자 한다. 수면 문제를 다룰 때는 호르몬 이야기를 **빠뜨릴** 수 없다.

우선 **성장 호르몬**부터 살펴보자. 성장 호르몬은 어린이의 성장에 필수불가결한 호르몬으로 알려져 있다. 사실은 어른에게도 절대로 필요한 호르몬이다.

예를 들어 피부가 자외선을 받을 때를 생각해보자. 피부는 자외선을 받으면 파괴된다. 그런데도 피부가 너덜너덜하게 해지지 않고 유지되는 것은 잠을 자는 동안 성장 호르몬이 작용하여 망가진 피부 세포를 재생산하기 때문이다.

성장 호르몬은 오래된 세포를 새로운 세포로 바꾸어주는 역할을 한다. 그렇기 때문에 어른의 **건강한 몸과 깨끗한 피부를** 만드는 데 성장 호르몬을 빼놓을 수가 없다.

51쪽 표를 보자. 성장 호르몬은 **잠들기 시작해서 처음 3시간 동안 대량으로 분비되다가 수면 후반부가 되면 나오지 않는다.** 이것이 성장 호르몬의 특징이다.

51쪽 표를 보면 알 수 있듯이, 아침 5시부터 밤 11시 사이에는 성장 호르몬이 거의 분비되지 않는다. 그러므로 **잠들기 시작해서 처음 3시간 동안 얼마나 쾌적하게 잘 수 있는가** 하는 것이 성장 호르몬 분비의 열쇠가 된다. '잠들기 시작해서 처음 3시간'은 깊은 잠인 논렘 수면뿐**만 아니라 성장 호르몬 분비에도 매우 중요한 시간대**이다.

잠들기 시작해서 처음 3시간 동안 쾌적하게 잠들 수 있는 구체적인 방법에 관해서는 제3장에서 자세히 설명할 것이다.

성장 호르몬 분비

시간표

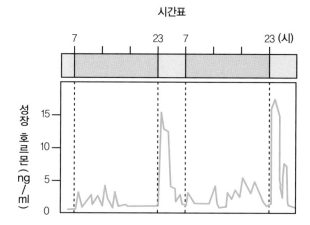

**성장 호르몬은 잠들기 시작해서
처음 3시간 동안 대량으로 분비된다!**

건강한 몸과 깨끗한 피부를 만드는
성장 호르몬이 분비되는 중요한 시간대는
잠들기 시작해서 처음 3시간이다!

다이어트와 기상 시간의 관계

성장 호르몬과 함께 또 하나 중요한 호르몬이 있다. 바로 **코르티솔**이다. 코르티솔의 역할은 몸에 축적되어 있는 영양소, 즉 **지방이나 포도당 덩어리라 할 수 있는 글리코겐을 대사하여 에너지로 바꾸는 것이다.**

코르티솔의 역할을 쉽게 이해하려면 먼저 사람이 하루를 보내는 주기부터 알아야 한다.

아침에 일어나면 아침 식사를 한다. 아침 식사로 섭취한 음식으로 우리 몸속에 포도당이 많이 생긴다. 그 에너지를 사용하면서 점심시간이 될 때까지 활동한다.

마찬가지로 점심 식사로 섭취한 에너지로 저녁이 될 때까지 활동하고, 저녁 식사로 얻은 에너지로 잠들기 전까지 생활한다.

여기서 의문이 하나 생긴다. **밤에 자는 동안에는 어디에서 에너지를 얻을까?** 자는 동안에는 몸에 에너지를 보급할 수 없지만, 생명을 유지하려면 어디선가 에너지를 얻어 와야 한다. 이때 중요한 역할을 하는 것이 코르티솔이다.

55쪽 표를 보자. 코르티솔이 대량으로 분비되는 때는 한밤중인 **오전 3시 무렵**부터이다. **오전 3시부터 활동을 시작한 코르티솔은 우리 몸에 축적되어 있던 지방이나 글리코겐을 에너지로 바꾼다.** 이 에너지로 심장이나 간장이 활동한다. 그러니까 사람은 **잠을 자면서 다이어트를 하고 있다**고 볼 수가 있다.

잠자기 직전에 음식을 먹으면 살찐다는 말을 흔히들 한다. 지방을 분해하여 에너지로 바꾸는 코르티솔의 활동, 즉 **본래 자고 있는 동안에 이루어져야 할 일이 잠들기 전에 먹은 음식 때문에 방해를 받기 때문**이다.

또 아침에 일어나지 않고 대낮이 되어 일어나면, 코르티솔이 분해한 혈액 속의 포도당이 다시 글리코겐으로 되돌아가 몸에 축적된다. 게다가 포도당이 글리코겐으로 되돌아가 에너지가 사라진 상태에서 눈을 뜨게 되므로, 일어나서 바로 활기차게 움직일 힘도 없다. 에너지를 몸에 축적해버렸을 뿐만 아니라 그 때문에 쓸 수 있는 에너지가 사라져버린 것이다.

그러므로 **코르티솔이 분비되는 시간대에 잠을 자야 한다.** 또한 그에 못지않게 중요한 것이 바로 **일어나는 시간**이다.

코르티솔 분비

시간표

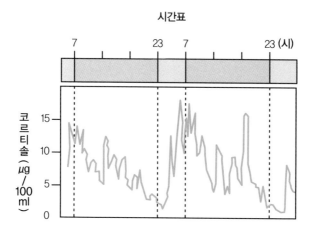

코르티솔은 한밤 3시가 지나서부터 대량으로 분비된다!

코르티솔이 분비되는 때를 생각한다면 **오전 5시 30분에서 8시 30분 사이에 일어나는 것이 가장 좋다.** 이 3시간을 기상 시간의 황금시간대라고 할 수 있다. 에너지를 효과적으로 사용하고 싶다면, 늦어도 아침 8시 반까지는 일어나도록 노력하자.

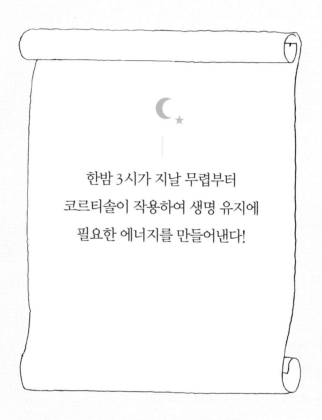

한밤 3시가 지날 무렵부터
코르티솔이 작용하여 생명 유지에
필요한 에너지를 만들어낸다!

4

한꺼번에 몰아서 자는 잠은
효과가 있는가

한꺼번에 몰아서 자는 잠이 정말 효과가 있느냐는 질문을 많이 받는다.
이 문제는 사람에 따라서 조금씩 다르다. 앞에서도 설명했지만, 일주
일에 하루만 충분히 자면 부족했던 수면 양을 회복할 수 있다.

자신이 **규칙적으로 수면을 취하고 있다고 생각한다면, 몰아서 잠을 잘
필요 없이 계속 규칙적인 수면을 취하는 것이 좋다.**

**수면 시간이 불규칙하다거나 수면의 질이 나쁘다는 생각이 드는 사람은,
주말에 과감하게 몰아서 자는 것이 좋다.**

몰아서 잘 때 가장 이상적인 방법은 **기상 시간(오전 5시 반에서 8시
반 사이)을 늦추지 말고 취침 시간을 앞당기는 것**이다. 왜냐하면 이렇게
해야 코르티솔 분비 주기를 그대로 살릴 수 있고, 또 취침 시간을 앞

당기더라도 성장 호르몬은 잠들기 시작해서 처음 3시간 동안 확실하게 분비되기 때문이다. 그러므로 만약 잠을 몰아서 자고 싶다면 **가능한 한 일찍 잠자리에 들도록** 노력하자.

예를 들어 10시간을 몰아서 잤다고 해보자. 그런데 **초저녁에 다시 잠이 몰려온다면** 어떻게 하는 것이 좋을까? 이런 경우라면 아직도 잠이 부족하다는 증거이다. 그러니 이럴 때는 다시 과감하게 잠을 청하도록 하자. 이때는 단 **15분만** 자야 한다. 그 근거는 제3장에서 자세히 설명할 것이다.

잠을 잘 자고 있는 사람한테는 몰아서 자는 잠이 효과가 없다는 것, 잠을 잘 못 자고 있는 사람에게는 유효한 방법이라는 것을 기억해두기로 하자.

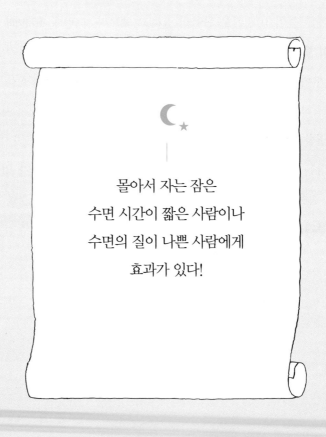

몰아서 자는 잠은
수면 시간이 짧은 사람이나
수면의 질이 나쁜 사람에게
효과가 있다!

잠이 오게 만드는 호르몬,
멜라토닌

멜라토닌이 활동하기 시작하면 사람은 잠이 온다. 멜라토닌 호르몬은 자기 몸에서 **스스로 만들어낼 수도 있고 건강보조식품으로 섭취할 수도 있다.** 멜라토닌은 사람을 졸리게 하거나 눈을 뜨게 만드는 데 중요한 역할을 하는 호르몬이다.

62쪽 표를 보자. 멜라토닌은 일반적으로 **밤 9시 무렵부터 나오기 시작해서 밤 11시가 되면 졸리는 수준으로 올라간다.** 멜라토닌 농도는 한밤중에 가장 높아지며, 새벽이 되면 졸음이 사라지는 수준으로 내려간다.

멜라토닌은 **낮에는 거의 분비되지 않으며 밤이 되면 농도가 올라간다.**

반면에 앞에서 이야기한 대로 체온은 낮에는 높고 밤이 되면 낮아

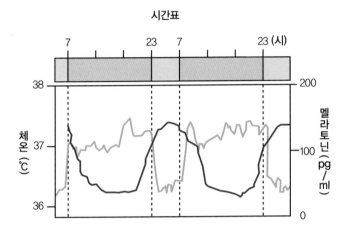

시간표

멜라토닌 수준은 낮 동안에는 낮아지고 밤이 되면 높아진다!

진다. 사람은 체온이 높은 상태에서 낮게 떨어질 때 잠이 오고, 거꾸로 체온이 낮은 상태에서 높아질 때 눈을 뜨게 된다.

이와 같이 멜라토닌과 체온은 **정반대로 움직인다. 멜라토닌과 체온이 서로 영향을 주고받으면서 사람을 졸리게도 만들고 눈을 뜨게도 만드는 것** 이다.

멜라토닌 분비를 촉진하는 방법에 관해서도 제3장에서 자세히 설명할 것이다.

밤에 멜라토닌 농도가 높아지면,
사람은 잠이 오게 된다!

호르몬 분비는
체내시계가 관리한다

코르티솔이나 멜라토닌 호르몬은 매일 정해진 시간에 분비된다. 체내시계가 분비를 조절하고 있기 때문이다.

예를 들어 '**지금부터 밤이다.**'라는 신호를 체내시계가 내보내면, 멜라토닌이 분비되면서 잘 준비를 시작한다. 마찬가지로 '**이제 슬슬 아침이 되고 있다.**'라는 신호를 내보내면, 코르티솔이 활발하게 분비되면서 지방을 에너지로 바꾸기 시작한다. 사람이 **늘 변함없는 하루를 보낼 수 있는 것은 이와 같이 체내시계가 호르몬 분비를 조절하고 있기 때문**이다.

체내시계에 관해서 꼭 알아두어야 하는 것이 있는데, 사실은 체내시계가 25시간 주기로 움직이고 있다는 점이다. 사람은 25시간짜리 체내시계를 가지고 지구의 24시간짜리 생활에 대응하고 있는 셈이다.

그러면 체내시계는 이 1시간의 차이를 어떻게 메우고 있는 것일까? 그 차이를 조절하는 것이 '아침 햇빛'이다. **아침 햇빛을 받는 순간에 인간의 체내시계는 25시간에서 24시간으로 수정되도록 만들어져 있다.**

주말에 잠을 몰아서 자고 상쾌한 월요일을 맞이하려고 했는데, 반대로 몸이 무거웠던 적이 혹시 없는가? 그 이유는 잠을 몰아서 잤기 때문이 아니다. **많이 자는 바람에 아침 햇빛을 받지 못했고, 그 때문에 체내시계가 바로 맞춰지지 못했기 때문이다.**

만약 토요일과 일요일 이틀 동안 계속 아침 햇빛을 받지 못했다면, 체내시계는 2시간 늦추어져 있을 것이다. 보통 아침 6시에 일어나는 사람이라면, 마치 아침 4시에 일어난 것 같은 느낌을 받는 것이다.

옛날부터 아침에 일찍 일어나 아침 햇볕을 쪼여야 한다는 말이 있는데, 의학적으로도 근거가 있는 이야기다. 체내시계는 아침 햇빛을 받음으로써 매일 수정되기 때문이다.

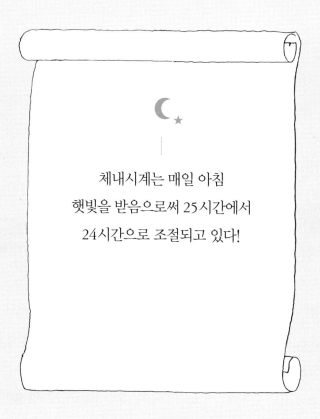

체내시계는 매일 아침
햇빛을 받음으로써 25시간에서
24시간으로 조절되고 있다!

아침 햇빛을 받아야 하는 이유

앞에서 **아침 햇빛을 받음으로써 체내시계가 매일 수정되고 있다는** 이야기를 했다. 그러면 구체적으로 아침 햇빛이란 아침 몇 시까지 비치는 햇빛을 말하는 것일까?

결론부터 말하자면, **아침 10시 정도까지이다.** 왜 아침 10시인가? 그 비밀은 앞에서 설명한 멜라토닌에 있다. 체내시계는 **멜라토닌이 분비되고 있는 동안에 아침 햇빛을 받아야만 제대로 수정되기** 때문이다.

62쪽 표를 다시 한 번 보기 바란다. 오전 10시가 지나면 멜라토닌이 **거의 분비되지 않는다는** 것을 알 수 있다.

체내시계가 수정되는 메커니즘을 간단히 설명하자면 이렇다. 우선 아침 햇빛을 받으면 **'이제 멜라토닌은 분비하지 않아도 된다.'** 라는 신호가 뇌로 전달된다. 그 신호가 멜라토닌 분비를 멈춤과 동시에 체내시계가 25시간에서 24시간으로 수정되는 것을 돕는다. 그러므로 체내시계를 제대로 수정하려면, 일단 오전 10시까지는 확실하게 햇빛을 받도록 노력해야 한다.

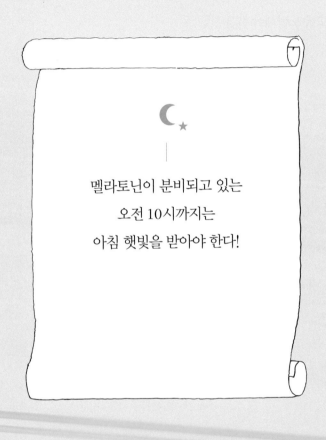

멜라토닌이 분비되고 있는
오전 10시까지는
아침 햇빛을 받아야 한다!

8

불면증은 왜 생기는가

세계 인구의 3분의 1 정도가 어떤 식으로든 불면증으로 불편을 겪고 있다는 통계가 있다. 나이가 들면 그 비율이 더 많아진다. 왜 불면증이 생기는지, 그 메커니즘을 간단히 살펴보자.

불면증을 호소하는 사람들이 증가하고 있는 이유로는 크게 **스트레스, 불규칙한 생활, 기호품**을 들 수 있다. 그중에서도 스트레스가 왜 불면증의 원인이 되는지 알아보기로 하자.

직업을 가지고 있는 사람을 대상으로 근로 시간과 수면 시간을 조사해본 결과, 최근 5년 동안 **근로 시간이 늘어나고 수면 시간이 줄어든 것**으로 나타났다. 곧 **근로 시간의 스트레스**가 수면 시간에 영향을 미쳤기 때문이라고 생각된다.

그런데 2008년에 들어와 이런 상황이 크게 달라졌다. 계약직이 늘어나고 잔업이 줄어든 것이다. 이런 상황에서 현재 직장인들이 느끼는 **스트레스는 실업 공포에서 기인하는** 것이 아닌가 생각된다.

사람이 스트레스를 받으면, 잠들지 않고 깨어 있는 시간에 코르티솔을 비롯한 **흥분 계열 호르몬 수준이 높아진다. 그리고 그 수치가 하루 종일 떨어지지 않게 된다.** 그렇게 되면 당연히 수면의 질이 나빠지고 수면 시간도 짧아진다.

또 스트레스를 받으면 대뇌피질의 신경세포에도 부담이 가게 된다. 나아가 스트레스가 계속 이어지면 **뇌가 지치게 되고, 자율신경을 압박하기에 이른다.**

자율신경은 자기 스스로 조절하지 못하는 신경이다. 예를 들면 심장이 스스로 빨리 뛰고 싶어도 빨리 뛸 수 없는 것과 같다.

자율신경은 뇌가 제어하고 있다. 그런데 뇌가 지쳐서 자율신경을 잘 제어하지 못하면, 가슴 두근거림이나 숨이 찬 증상 등이 나타나게 된다. 이런 증상이 눈으로 나타나면 눈이 침침해지고, 장에서 나타나면 설사와 같은 증상을 일으킨다.

이처럼 스트레스 때문에 나타나는 증상을 **자율신경 실조증**이라고 부른다. 이것이 수면 습관을 방해하는 것으로 나타날 때 불면증이 된다. 스트레스 때문에 불면증이 나타나게 되는 메커니즘이다.

그러면 스트레스를 받는다고 모두가 다 자율신경 실조증에 걸리고 수면 장애를 겪는 것일까? 그렇지 않다. 왜냐하면 사람은 **스트레스와 싸워 이길 수 있는 시스템**을 갖추고 있기 때문이다.

세상에는 스트레스에 강한 사람이 있고 약한 사람이 있다. 이 차이는 도대체 어디에서 오는 것일까?

사람의 몸에서는 **세로토닌과 노르아드레날린**이라는 호르몬이 분비되고 있다. 스트레스에 강한 사람을 조사해보았더니, 이들 호르몬이 뇌의 신경세포에 활발하게 작용하여 스트레스에 강하게 대처할 수 있도록 만든다는 것이 밝혀졌다.

사실은 'SSRI(선택적 세로토닌 재흡수 억제제)'나 'SNRI(선택적 세로토닌 노르에피네프린 재흡수 억제제)'라는 약을 먹으면, **세로토닌과 노르아드레날린의 농도를 높일 수가 있다.**

사람에 따라서 세로토닌의 양이 증가하면 식욕이 없어지거나 노르아드레날린의 양을 늘리면 혈압이 올라가는 경우가 있다. 그러므로 이런 약을 사용하는 데는 주의가 필요하다. 미국에서는 **자신의 능력을 최대한 발휘하고자 고군분투하고 있는 직장인들** 사이에 널리 이용되고 있다.

스트레스를 없애기 위해서는 원인을 제거하는 것이 가장 좋은 방

법이다. 그러나 불면증에 시달리고 있는 경우라면 'SSRI'나 'SNRI'
를 사용해보는 것도 괜찮다고 생각한다. 단, 이때는 반드시 의사의
처방을 따라야 한다는 것을 잊지 말자.

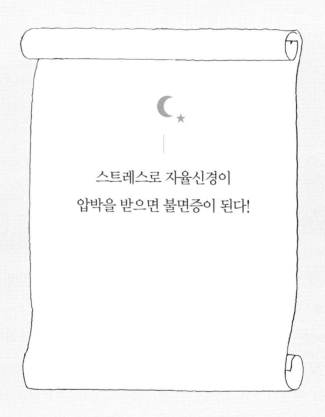

스트레스로 자율신경이
압박을 받으면 불면증이 된다!

9

술을 마시면
수면의 질이 나빠진다

불규칙한 생활로 체내시계의 리듬이 흐트러지고 스트레스를 받으면 커피나 담배, 술과 같은 기호품 섭취량이 늘어나게 된다. 커피의 카페인이나 담배의 니코틴은 모두 각성 작용을 하기 때문에 숙면에 방해가 된다.

커피는 오전에만 마시고, 담배는 저녁 식사 이후에는 삼가도록 하자. 술도 기본적으로는 잠을 잘 자는 데 나쁜 영향을 미친다. 술을 마시면 잠이 잘 오기 때문에 "잠이 안 와서 술을 마신다."라고 하는 사람도 있다. 그러나 실은 술을 마시면 수면의 질이 나빠진다.

만약 술을 마시고 싶다면, **잠들기 3시간 전까지만** 마시는 것이 좋다. 그것이 수면의 질을 떨어뜨리지 않는 한계선이다.

혹시 여러분도 경험한 적이 있는지 모르겠지만, 알코올은 높은 체온을 갑자기 뚝 떨어뜨리는 작용을 한다. 그래서 술을 마신 직후에 졸음이 쏟아지는 것이다. **술을 마시고 쉽게 잠이 드는 이유는 알코올이 체온을 떨어뜨리기 때문**이다.

그런데 술을 마시고 3시간 정도 지나면, 알코올이 알데히드라고 하는 독성 물질로 변한다. 알코올이 분해되어 알데히드가 되면, 교감신경을 자극해서 체온과 심박수를 끌어올린다.

술을 마시고 자면 아주 쉽게 잠이 들 수 있지만 금방 다시 눈을 뜨게 된다. 바로 알데히드가 교감신경을 자극하기 때문이다.

여기서 교감신경에 관해 잠깐 설명하자면, 사람의 교감신경과 부교감신경은 액셀러레이터와 브레이크의 관계와 같다. 깨어 있을 때는 교감신경이, 자고 있을 때는 부교감신경이 각각 우위에서 활동한다.

술을 마시면 수면의 질이 떨어지는데, **알데히드가 교감신경을 자극하여 수면을 방해하기 때문이다.**

그러므로 반주를 할 때도 요령이 필요하다. 반주를 하면 일시적으로 잠이 오겠지만, 일단 졸음을 참는다. 그러고 나서 **3시간 정도 지나 알데히드가 분해될 무렵에 잠자리에 든다.** 이렇게 하면 자는 동안에 교감신경이 자극을 받아서 자다가 말고 중간에 눈을 뜨는 일은 없을 것이다.

조금만 더…… 아니, 그만 마실까……

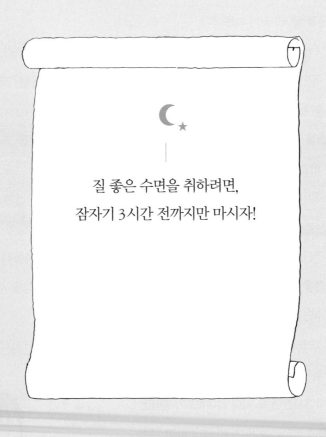

질 좋은 수면을 취하려면,
잠자기 3시간 전까지만 마시자!

몇 시부터 몇 시까지
자는 것이 가장 이상적인가

지금까지 한 이야기를 바탕으로, **사람은 몇 시부터 몇 시까지 자는 것이
이상적인가 하는 문제(수면의 핵심 시간대)**를 정리하고 이번 장을 마무리
하고자 한다.

널리 알려져 있지 않은 사실이 하나 있다. 오전 0시부터 6시까지 6시
간을 자는 것과 오전 3시부터 9시까지 6시간을 자는 것은 수면 효율이
전혀 다르다는 것이다. 이 두 경우 **수면의 질에 아주 큰 차이가 있다.**

예를 들어 오전 3시부터 9시까지 6시간 동안 잠을 잤다고 해보자.
얕은 잠을 자며 꿈을 꾸는 렘 수면은 체내시계의 지배를 받는다. 그
리하여 렘 수면은 오전 3시부터 오전 6시, 즉 새벽이 가까워지면서
많이 나타나게 된다.

그런데 오전 3시부터 잠을 자면, 잠들기 시작해서 처음 3시간 동안은 깊은 잠인 논렘 수면이 나타나게 된다. 즉, 오전 3시부터 오전 6시 사이에는 깊은 잠인 논렘 수면에 들어가려 하는 것이다.

다시 말하면, **본래 서로 다른 역할을 하며 공조하고 있던 렘 수면과 논렘 수면이 동시에 나타나는 상황**이 되는 것이다. 본인은 잘 자고 있다고 생각하겠지만, **오전 3시에 잠자리에 들면 이처럼 불완전한 수면 상태에** 들어가게 된다.

마음을 보수하고 유지하는 렘 수면과 뇌와 몸을 보살피는 논렘 수면이 서로 불완전하게 나타나고 수면의 질이 나빠지면, 몸과 마음의 균형이 무너질 수도 있다.

최소한 6시간은 자야 한다는 말을 흔히 하지만, **몇 시부터 몇 시까지인가에 따라서 수면의 질이 이렇게 크게 달라진다.**

수면에는 **핵심 시간대**라는 것이 있다. 이 시간에는 **자는 것이 가장 좋다고 하는 시간대**이다. 다양한 데이터를 통해 검증해본 결과, 수면 핵심 시간대는 **오전 0시부터 오전 6시까지인** 것으로 나타났다.

가능한 한 핵심 시간대에 맞춰 자는 시간을 정하는 것이 품질 좋은 수면을 취할 수 있는 방법이다.

예를 들어 내가 추천하는 방법대로 평일 수면 시간을 4시간 반으로 설정한다고 해보자. 이럴 때는 수면 시간을 핵심 시간대인 **오전 0시에서 오전 6시 사이로 설정**하는 것이 가장 좋다. 예를 들면 오전 1시에 잠들어 오전 5시 30분에 일어나는 것처럼 말이다.

물론 시간대를 완벽히 맞출 수 없는 경우도 있을 수 있다. 그렇더라도 오전 2시에 잠들어서 오전 6시 30분에 일어난다든지 해서, 가능한 한 핵심 시간대에 가깝게 설정하는 것이 중요하다.

가능한 한 취침 시간을 오전 0시에 맞추고 기상 시간을 오전 6시에 맞추는 것이 중요한 포인트다.

수면 시간을 정할 때 중요한 것이 또 한 가지 있다. **정해진 시간에 자고, 정해진 시간에 일어나야 한다**는 것이다. 정해진 시간에 자고 일어나야 성장 호르몬, 코르티솔, 멜라토닌 같은 호르몬 분비 메커니즘과 체온 조절 메커니즘이 그 **정해진 시간에 맞추어 조절되기 때문**이다.

수면 시간을 핵심 시간대에 맞추는 것과 규칙적으로 정해진 시간에 자고 일어나는 것, 이 두 가지만 실천하면 수면의 질은 확실하게 지금보다 더 좋아질 것이다.

지금까지 수면의 질을 높이는 데 필요한 기초 지식을 알아보았다. 다음 장에서는 **쾌적한 수면을 취하는 구체적인 방법**으로, 내가 실천하고 있는 사항을 설명하고자 한다. 혹시 잘 모르는 이야기가 나오면, 다시 이 장으로 돌아와 공부한 내용을 복습하기 바란다.

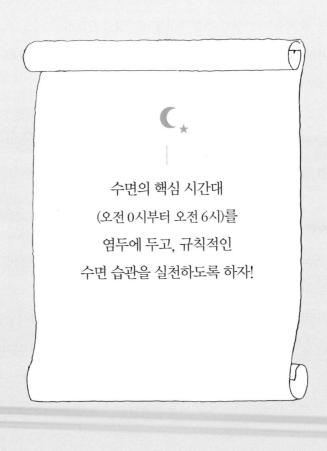

수면의 핵심 시간대
(오전 0시부터 오전 6시)를
염두에 두고, 규칙적인
수면 습관을 실천하도록 하자!

3장

수면의 질을
높이는
방법

체온이 숙면을 결정한다

짧은 시간이라도 쾌적하게 잠을 자고 아침에 맑은 정신으로 눈을 뜰 수 있는 방법은? 이 장에서는 내가 실천하고 있는 방법을 포함해, 다양하게 실천할 수 있는 방법을 소개하고자 한다.

제2장에서 설명한 바와 같이 수면과 관계된 중요한 호르몬에는 여러 가지가 있다. 이들 호르몬을 적절하게 조절할 수 있다면, 수면의 질이 현격하게 좋아질 것이다.

호르몬을 조절한다는 것은 사실 아주 어려운 문제다. 호르몬이 그렇게 간단히 조절되는 것이 아니기 때문이다.

호르몬을 조절하려면, 스테로이드제 같은 것을 먹어야 한다. 그러므로 리스크가 상당히 크다. 여기서는 좀 더 간단하고 누구나 할 수 있는 방법으로 '체온 조절하기'를 제안한다.

앞에서 설명한 것처럼 체온이 높은 상태에서 급격히 낮아질 때 잠이 오게 된다. 이런 사실을 응용하면 수면의 질을 현격히 높일 수 있다. 이렇게 하면 **수면 시간이 짧아지더라도 체질이 건강하게 바뀌어 아침이면 맑은 정신으로 눈을 뜰 수 있다.**

수면의 질을 높이는 데는 우선 '체온 조절'이 중요하다는 사실을 늘 염두에 두기 바란다. 체온을 조절할 때 중요한 것은 다음 두 가지다.

❶ 자기 전에 체온을 높인다.
❷ 자는 동안에 체온을 떨어뜨린다.

이 장에서는 ①과 관련해서 구체적인 방법을 알아보기로 하자.

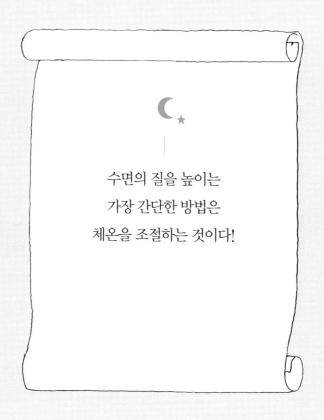

수면의 질을 높이는
가장 간단한 방법은
체온을 조절하는 것이다!

실내 온도는 몇 도가 가장 좋은가

앞에서도 설명했듯이 사람은 잠들 때 체온이 급격히 1℃ 정도 내려간다. 먼저 **혈액이 손과 발의 말단 부분을 지나가면서 온도가 떨어진다.** 그리고 온도가 떨어진 혈액이 온몸을 순환하면서 체온이 내려간다. 이렇게 체온의 차이가 벌어질 때 사람은 잠이 오게 된다. 수면의 질을 높이는 데에 이런 사실을 응용해보자.

온몸에 차가워진 혈액이 흘러 빨리 잠이 올 수 있도록 **손과 발을 차갑게 하는 것**이다. 여기서 중요한 점이 한 가지 있다. **손과 발을 너무 차갑게 해서는 안 된다**는 것이다.

왜냐하면 손과 발의 온도를 필요 이상으로 낮추어 온몸을 흐르는 혈액의 온도가 지나치게 떨어지면, 몸이 민감하게 반응하여 거꾸로 체온을 올리려는 움직임을 보이기 때문이다. **더 이상 체온을 유출시키면 안 된다는 명령**이 떨어지는 것이다.

처음에는 잠을 잘 수 있게 체온을 떨어뜨릴 생각이었는데, 이렇게 되면 거꾸로 몸이 체온을 높이려는 방향으로 움직여 잠들 수가 없게 되고 만다.

손과 발의 온도는 도대체 몇 도 정도로 낮춰야 할까? 체온보다 약간 낮은 **33℃ 정도**이다. 빨리 잠들려면 이불 속 온도를 33℃ 정도로 맞추면 된다. 이불 속 온도를 33℃ 정도로 맞추려면, 여름에는 **실내 온도를 대략 27~29℃로 설정하는 것이 가장 좋다.**

실내 온도를 이 상태로 유지할 수 있도록 **에어컨을 켜놓고 자는 방법**도 좋다고 본다. 다만 사람에 따라서는 에어컨 때문에 오히려 몸 상태가 나빠질 수도 있으니, 최종 판단은 개인에게 달려 있다.

실내 온도 외에 또 한 가지 중요한 것이 있다. 바로 **습도**이다. 사실 쾌적한 수면을 취하는 데는 습도 역시 빠뜨릴 수 없는 중요한 요소다. **공기가 너무 눅눅하고 구질구질해서 잠을 설친 적이 없는가?** 왜 그런지, 그 메커니즘을 간단히 알아보기로 하자.

잠들기 전에 손과 발에 뜨거운 혈액이 흘러 들어오면, 피부에서는 땀이 나게 되어 있다. 땀이 수증기가 되어 날아가면서 **'기화열'** 이라는 형태로 피부의 열을 빼앗아 가면 체온이 떨어지게 된다.

그런데 습기가 많으면, 이 일련의 과정이 원활하게 이루어지지 않는다. 습기가 많아 눅눅할 때 잠을 설치는 이유는 이 때문이다.

습기가 많으면 피부에 땀이 계속 남아 있어 마르지 않기 때문에, 손과 발의 온도가 내려가지 않는다. 이 때문에 효율적으로 체온을 떨어뜨리지 못한다. 그러므로 여름에 쾌적한 수면을 취하려면, **실내를 건조하게 유지해야 한다.**

최근에는 온도 조절 기능뿐만 아니라 제습 기능이 있는 에어컨이 나오고 있다. 실내 온도뿐만 아니라 습도에도 신경을 써서, 쾌적하게 잘 수 있는 환경을 만들도록 하자.

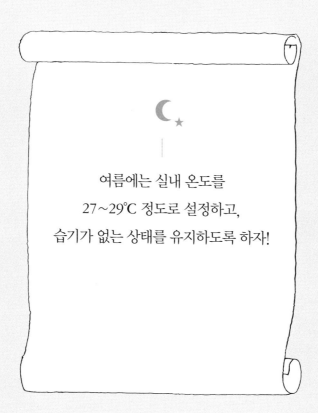

여름에는 실내 온도를
27~29℃ 정도로 설정하고,
습기가 없는 상태를 유지하도록 하자!

숙면에 좋은 저녁 식사

여기서는 **자기 전에 체온을 올리는 방법**을 알아보기로 하자. 내가 매일 실천하고 있는 사항은 다음과 같다.

- 잠들기 3시간 전까지 – 식사를 마친다.
- 잠들기 2시간 전까지 – 운동을 마친다.
- 잠들기 1시간 전까지 – 목욕을 마친다.

다시 말하지만, 사람은 체온이 급격히 떨어질 때 잠이 오게 된다.

그러므로 잠들기 전에 인위적으로 체온을 올려놓으면, 뇌에서 **체온을 떨어뜨리라는 명령**이 내려와 자연스레 잠들 수 있게 된다.

식사, 운동, 목욕은 체온을 올리는 데 아주 유효한 방법이다. 우선 식사 이야기부터 시작해보자.

체온을 올리는 **저녁 식사로 추천하는 메뉴는 국이나 찌개 같은 더운 음식과 김치나 고춧가루가 들어간 음식**이다. 국이나 찌개 같은 것을 먹으면 쉽게 체온이 올라간다.

또 고춧가루에 들어 있는 **캡사이신이란 물질은 일시적으로 올라간 체온을 한꺼번에 떨어뜨려 주는 효능**이 있다. 체온이 한꺼번에 올라감으로써 뇌의 센서가 작동하여, 다시 체온을 떨어뜨리도록 하는 것이다. 그리고 체온의 급격한 변화가 잠을 부르게 된다.

그렇기 때문에 **점심 식사를 할 때는 국이나 찌개 같은 더운 음식이나 고춧가루가 들어간 매운 음식은 피하는 것이 좋다.** 졸음이 몰려와 **오후 업무에 지장을 줄 가능성**이 있기 때문이다.

나도 점심 식사 때는 더운 음식을 삼가고, 냉면이나 메밀국수같이 시원한 음식을 먹으려고 노력한다.

내가 잠들기 3시간 전까지 식사를 마치려고 애쓰는 데에는 또 한 가지 이유가 있다. **저녁 식사를**

아, 맛있어!

하면서 반주를 즐기기 때문이다.

앞에서도 이야기했지만 술을 마시면 알데히드라는 독성 물질이 나오는데, 3시간 정도 지나야 분해되기 시작한다. 그러므로 그 시간에 맞추어 잠자리에 들면 **잠드는 힘이 알데히드의 작용을 억제**해 쉽게 잠들 수가 있다.

술을 좋아하는 사람이라면 꼭 실천해보기 바란다.

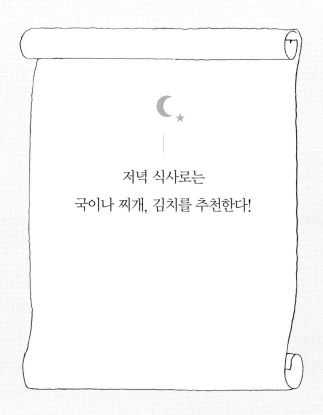

저녁 식사로는
국이나 찌개, 김치를 추천한다!

숙면에 좋은 체조

다음은 운동이다. 운동이라고 했지만, 숨이 찰 정도의 운동을 말하는 것은 아니다.

걷기, 요가, 스트레칭 같은 가벼운 운동을 잠자기 2시간 전에 하면 일시적으로 체온을 올릴 수 있다. 그리고 **2시간이 지나면 열이 발산되어 거꾸로 체온이 떨어지기 시작한다.** 체온이 떨어지면 잠이 온다.

가장 권하고 싶은 것은 **스트레칭**이다. 사람은 잠들기 전에 체온이 떨어지는데, 혈액이 손과 발을 지나면서 온도가 내려가기 때문이다. 이 사실을 응용해보자. **손목과 발목을 쭉 펴는 스트레칭을 해서 손과 발의 혈액 순환을 촉진하는 것이다.**

98쪽에 **숙면 체조** 방법을 소개해 놓았으니, 하루에 5분씩 잠들기 2시

간 전에 해보기 바란다.

　근육에 힘을 주었다가 확 풀어주는 방법인데, 뭉친 근육은 물론이고 굳어 있던 마음도 함께 풀어지는 것을 느낄 수 있다.

숙면 체조

손 체조

① 양손을 무릎 위에 올려놓고 10초 동안 꽉 쥔다.
② 손을 펴고 10초 동안 힘을 뺀다.

발 체조

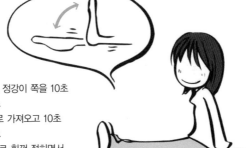

① 발끝을 쭉 펴고 정강이 쪽을 10초
  동안 쭉 늘인다.
② 발끝을 제자리로 가져오고 10초
  동안 힘을 뺀다.
③ 발끝을 몸 쪽으로 힘껏 젖히면서
  종아리 쪽을 10초 동안 쭉 늘인다.
④ 발끝을 제자리로 가져오고 10초
  동안 힘을 뺀다.

이 두 가지를 하루에 5분 정도 반복해보자!

잠들기 2시간 전에 하는
스트레칭이나 걷기 운동이
수면의 질을 높이는 데 효과가 있다!

숙면에 좋은 목욕법

마지막으로 목욕이다. 목욕은 일시적으로 체온을 높여주므로 편안히 잠드는 데 아주 좋은 방법이다.

중요한 것은 목욕을 하는 시간인데, **잠들기 1시간 전**이 가장 좋다. 왜냐하면 이보다 **빨리** 목욕을 하면 체온이 오르고 내리는 시간이 안 맞아, 적절한 순간에 잠들기가 어렵기 때문이다.

목욕물의 온도는 **38~40℃** 정도로 해야 한다. 10~20분 정도 따뜻한 물속에서 천천히 몸을 풀어주면, 기분 좋게 잠자리에 들 수 있다.

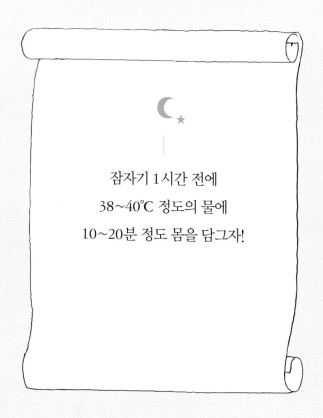

잠자기 1시간 전에
38~40℃ 정도의 물에
10~20분 정도 몸을 담그자!

자려고 했는데 잠이
달아나버렸을 때는 이렇게!

자려고 했는데 갑자기 전화가 와서 잠이 달아나버렸다. 이런 경험이 혹시 없는가? 이렇게 잠잘 시간을 놓쳐버렸을 때는 **샤워를 하거나 따뜻한 것을 마시면 효과가 있다.**

샤워를 하면 일시적으로 체온이 올라가기 때문에, 몸이 체온을 떨어뜨리려 하게 된다. 마찬가지로 따뜻한 것을 마셔도 체온이 올라가기 때문에, 몸이 체온을 낮추려 하게 된다. 이렇게 체온이 떨어지게 될 때 잠이 온다.

마실 것으로는 **뜨거운 우유나 레몬차, 따뜻한 보리차** 등이 좋다. 커피나

녹차 같은 것은 카페인이 들어 있어서 오히려 수면을 방해한다.

뇌를 잠시 착각에 빠뜨리는 방법인데, 잠잘 시간을 놓쳐버렸을 때는 아주 효과가 좋으니 꼭 실천해보기 바란다.

잠이 달아나버렸을 때는
따뜻한 것을 마시거나 샤워를 하자!

잠깐씩 눈을 붙이는 습관을 들이자

식사를 한 다음이나 **업무 중에 졸릴 때**가 있지 않은가? 이럴 때 나는 과감히 잠을 잔다. 단, 이때 효과적인 수면 시간은 **15분 정도**이다.

15분 동안 눈을 감고 편안히 있는 것과 잠을 자는 것은 어떻게 다를 까? 그 이후에 피로감이나 졸음을 느낀 정도를 조사한 실험이 있다.

실험 결과에 따르면, **잤을 때 피로감이 회복되고 졸음이 해소된 정도가 더 큰 것**으로 나타났다.

그런데 왜 15분이 기준일까? 왜냐하면 **15분 이상 자게 되면 그 이후 에 깊은 잠으로 들어가기 때문**이다. 일단 깊은 잠에 빠져버리면, 좀처럼 눈을 뜨기가 어려울 뿐만 아니라 뇌 기능이 다시 활성화될 때까지 어 느 정도 시간이 지나야 한다.

졸음이 쏟아질 때는 일단 짧게 잠을 자고 일어나는 것이 가장 좋으며, 그 기준은 15분이다.

이렇게 잠깐 눈을 붙이는 것이 좋은 이유가 또 있다. **하루에 몇 번이든 그렇게 자도 괜찮다**는 것이다.

그러므로 졸려서 어떻게 할 도리가 없을 때는 과감하게 15분 동안 잠을 자자. 낮에 졸음이 쏟아질 때는 자는 둥 마는 둥 시간을 보내지 말고, 반드시 15분이라는 기준을 잘 지켜 잠을 자는 게 훨씬 좋다.

잠깐씩 눈을 붙이는 습관을 들이면 **피로 회복에도 아주 효과가 좋고 업무 능률도 틀림없이 향상**될 것이다.

15분 동안 눈을 붙이는
습관을 들여보자!

8

밤에는 간접 조명을 쓴다

밤 9시가 되면 내가 꼭 하는 일이 있다. **실내의 조명을 모두 간접 조명으로 바꾸는 것이다.**

왜냐하면 밤 9시가 지나면 멜라토닌이 분비되기 시작하기 때문이다. 밤 9시 이후에 강한 빛에 노출되면, 우리 몸은 멜라토닌을 제대로 분비하지 못하게 된다.

그러므로 밤 9시가 넘어서 텔레비전을 보거나 컴퓨터 화면을 들여다보거나 밖에 나가 불빛이 밝은 가게에 들어가거나 하면, 질 좋은 수면을 취하기 어려워진다.

아무리 그렇다고 해도 밤 9시 이후에는

텔레비전도 못 보고 컴퓨터도 사용할 수 없다면 현대인으로 살아가기에 참 갑갑할 것이다.

이에 대한 해결책으로, **밤 9시 이후에는 텔레비전이나 컴퓨터 화면을 보통 때보다 어둡게 조절할 것을 제안한다(조도를 낮춘다)**. 조도를 낮춤으로써 멜라토닌 분비를 방해하지 않는 것이다. 이런 정도는 간단히 실천할 수 있고 돈이 드는 것도 아니다.

이와 같이 조금만 연구하면, 질 좋은 수면을 취할 수 있는 환경을 만들 수 있다. 꼭 실천하도록 하자.

밤에는 강한 빛에
노출되지 않도록 하자!

아침 식사는 반드시 한다

확실하게 숙면을 취하는 사람은 아침에 일어났을 때 배가 고프지 않다. 왜냐하면 밤에 코르티솔이 나와 혈당치를 올려주었기 때문이다.

그러나 코르티솔은 눈을 뜬 순간부터 점점 분비량이 감소한다. 어디까지나 코르티솔의 역할은 **아침에 일어나서부터 아주 잠깐 동안 사용할 에너지만을 만들어주는 것**이기 때문이다.

그렇기 때문에 한창 뛰어다니며 일해야 하는 직장인들은 **절대로 아침 식사를 거르지 말아야 한다.** 왜냐하면 코르티솔이 만들어낸 에너지가 다 떨어졌을 때, 아침 식사로 얻은 포도당을 사용할 수 있어야 하기 때문이다. 이렇게 해야 에너지 보급이 중단되는 일 없이 효율적으로 에너지를 소비할 수 있다.

그날 하루의 업무 성패는 오전 중에 좌우된다. 그러므로 중요한 오전 업무를 열심히 해내려면 아침 식사를 통해 반드시 에너지를 공급받아야 한다.

그러면 아침 식사로는 무엇을 먹는 것이 좋을까? 이때는 에너지로 쉽게 바꿀 수 있는 음식이 가장 좋다. 그러려면 단백질이나 지방보다 탄수화물을 섭취해야 하니 **밥이나 빵**을 먹어야 한다.

아침을 거르는 것이 좋다거나 아침 식사로는 과일이 좋다는 의견도 적지 않다. 다이어트를 하고 있다면 분명히 그럴 것이다.

그러나 중요한 오전 시간에 열심히 업무를 처리해야 하는 직장인이라면 이야기가 다르다. 점심 식사 전에 에너지 공급이 중단되는 일이 없도록 아침 식사만은 반드시 챙겨 먹도록 하자.

업무 효율을 높이려면
반드시 아침 식사를 하자!

야근하는 사람의 효과적인 수면법

이 세상에는 호텔 프런트 업무, 시스템 엔지니어, 콜센터, 병원이나 간호 관련 업무와 같이 **일상적으로 야근을 해야 하는 직업**도 있다. 이런 일에 종사하는 사람들은 수면 리듬이 불규칙해지기가 쉽다.

수면 전문의로서 야근이 많은 업무에 종사하고 있는 사람들을 상담할 때, 가장 먼저 부탁하는 것이 있다. 야근이 끝나면 곧바로 집으로 돌아가라는 것이다.

그리고 가능한 한 **오전 중에 3시간 정도 수면**을 취하라고 한다. 예를 들면 **오전 9시에 잠들어서 12시에 일어나는 것이 가장 이상적**이다.

오후에는 기본적으로 잠을 자지 않도록 한다. 밤이 되면 보통 때와 같거나 약간 빠른 시간에 잠자리에 들도록 한다. 이와 같이 하면 **불규**

칙한 수면 상태가 곧바로 균형을 되찾을 수 있다.

오전 중에 잠깐 눈을 붙이고 끝내라는 데는 이유가 있다. 기본적으로 **오전 중 수면은 그 전날 부족했던 잠을 보충하는 것**이기 때문이다.

야근이나 철야로 긴 시간을 계속 깨어 있었기 때문에, 야근 직후에 자는 잠은 수면의 질이 매우 좋다. 그러므로 3시간 정도만 자도 충분히 숙면을 취하게 된다.

물론 이것으로 모자라는 잠이 다 채워졌다고 할 수는 없다. 그러나 필요한 수준의 70% 정도는 확보된다고 할 수 있다. 그러고도 부족한 부분은 그날 저녁에 자는 잠으로 보충할 수 있을 것이다.

왜 오후에는 기본적으로 잠을 자지 않는 것이 좋을까? **오후에 자는 잠은 곧 그날 저녁에 자야 할 잠을 앞당겨 자는 것**이기 때문이다. 만약 오후에 3시간을 잤다고 하면, 이미 그날 밤에는 쉽게 잠들기가 어려워진 셈이 된다.

밤에 잠드는 힘이 사라져버리면 불면의 밤으로 이어질 수도 있다. 그러면 그 전날 철야의 피로가 해소되기는커녕 오히려 더 커지고 만다.

그동안의 경험에 따르면, **오후 1시 넘어서 잠을 자면 그날 밤 수면에 지장을 초래한다.** 그러므로 오후 잠은 피하는 것이 좋다. 최소한 수면 시간이 3시간은 되어야 하므로, 야근 후에는 늦어도 오전 10시까지는 반드시 잠자리에 들도록 하자.

3시간만 눈을 붙이고 어떻게 일어나긴 했는데, 저녁때가 되니 다시 졸리는 경우가 있을 수 있다. 이럴 때는 어떻게 하면 좋을까?

이럴 때는 앞에서 이야기한 것처럼 **15분만 눈을 붙이도록 하자.** 이 15분 동안의 잠이 피로감도 없애주고 졸음도 가시게 해줄 것이다.

정리하자면, **3시간 정도 살짝 눈을 붙인 다음에 일어나 그날 밤에 잘 자면 된다**는 말이다. 이것이 흐트러진 수면 리듬을 정리하고 불면증으로 이어지지 않게 하는 요령이다.

AM 9:00

3시간 동안
눈을 붙인다

PM 0:00

오후에 계속 졸지 않는 것이 포인트!

저녁때가 되어 졸음이 몰려온다면,
15분 동안만 눈을 붙이자.

야근을 한 다음에는
오전 9시까지는 잠자리에 들어서
12시에 일어나는 것이 가장 좋다.
그래도 졸리면 15분 동안만
눈을 붙이자!

상쾌한 아침을
열어주는
수면용품

1

라이프코더,
수면의 질을 집에서 점검한다

쾌적하게 잠잘 수 있게 도와주는 수면용품에 관한 연구는 매일 발전하고 있고, 관련 제품도 빠르게 개발이 진행되고 있다. 마지막 장에서는 다양한 숙면 제품 중에서 **자신 있게 추천할 수 있는 것을** 골라 소개하고자 한다.

물론 여기서 소개하는 제품은 **최신 연구 결과를 바탕으로 하고 있기 때문**에, 모두 안심하고 사용할 수 있다(그러나 최종적으로는 자신의 판단에 따라 사용하기 바란다).

맨 먼저 소개하고 싶은 것은 **라이프코더**(lifecorder)이다. 본래 당뇨병 환자의 운동 상황을 관리해주는 제품인데, 걸음 수나 소비한 칼로리 등을 측정할 수 있게 되어 있다. 이 제품에 **사용자의 활동량을 측정할**

수 있는 부가 기능이 달려 있다는 데에 착안하여, 수면 연구에 도입하게 되었다.

이 기계를 사용하여 활동량을 측정하면, 사용자가 **몇 시에 잠들고 몇 시에 일어났는지를 포함하여 잠을 잘 잤는지** 등을 바로 알 수가 있다. 예를 들어 수면의 질이 나쁜 사람이라면 밤에 자고 있는 동안에도 **자주 몸을 뒤척일 텐데**, 라이프코더를 사용하면 바로 이런 부분을 일목요연하게 알 수 있다.

123쪽 표를 보기 바란다. 어떤 환자의 활동량을 치료 전과 치료 후로 나누어 각각 측정한 것을 나타낸 표이다.

이 환자는 **낮에도 자꾸만 졸음이 쏟아지는 문제** 때문에 수면 클리닉을 찾아왔다. 우선 라이프코더를 사용해 활동량을 측정해보았다.

치료 전의 상태를 보면, 이 사람이 대체로 오전 1시에 잠자리에 들어서 오전 6시 무렵에 일어난다는 것을 알 수 있다. 여기서 또 한 가지 알 수 있는 것이 **수면 중에 자주 몸을 뒤척이고 있다는 사실**이다.

이 환자는 전혀 자각하지 못하고 있었으나, 수면의 질이 상당히 나쁜 상태였다. 이런 상태를 개선하고자 다양한 측면에서 상담을 하고 나서, SSRI를 처방하기로 했다. 그랬더니 표에 나타난 바와 같이, 밤중에 몸을 뒤척이던 증상이 없어지고 수면의 질이 상당히 개선되었다.

만약 수면의 질을 높이고 싶다는 생각이 든다면, **우선 수면의 질을 점검해볼 필요**가 있다. 이럴 때 사용할 수 있는 것이 라이프코더이다.

치료 전과 치료 후의 결과

치료 전

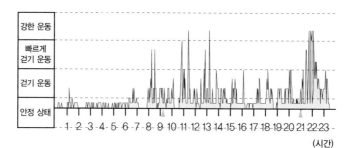

치료 후

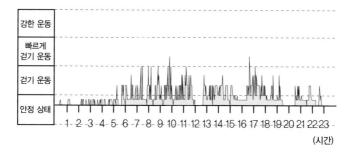

수면의 질이 나쁜 사람은 밤중에 자고 있는 동안에도 몸을 엎치락 뒤치락하면서 움직인다. 만약 몸을 뒤척이는 정도가 심하다면 전문의와 상담을 하고, 경우에 따라서는 **매트리스를 바꾸어보는 것도 좋다.**

어느 쪽이 되었든, 우선은 자신의 수면의 질이 어떤지를 아는 것이 문제를 개선하는 첫걸음이다.

라이프코더

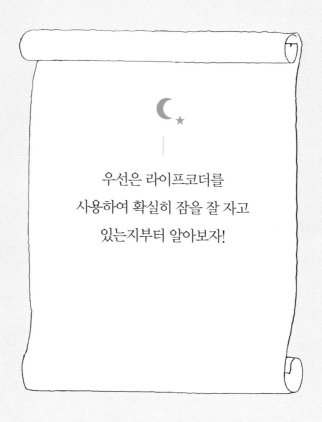

우선은 라이프코더를
사용하여 확실히 잠을 잘 자고
있는지부터 알아보자!

2
최신 기술로 만든
쾌적 수면 매트리스

매트리스는 사람에 따라 잘 맞는 것과 안 맞는 것이 있을 수 있다. 여기서는 최신 연구 기술을 바탕으로 개발된 제품을 몇 가지 소개할까 한다.

첫 번째는 '**트루슬리퍼**'(true sleeper)라는 매트리스이다. 이 매트리스는 저반발 우레탄을 사용해서 만든 것으로, 사용자의 몸무게를 분산시켜 어깨나 등, 엉덩이에 실리는 부담을 완화할 수 있게 되어 있다. 그래서 마치 두부 속에 누워 있는 느낌이 들며, **몸을 뒤척이고 싶어도 잘 뒤척일 수가 없는 것이 특징**이다.

수면의 질이 나빠지는 원인 중 하나가 자면서 몸을 자꾸 뒤척이는 것이므로, 이 매트리스를 사용하면 **뒤척임을 어느 정도 줄일 수가 있다.**

두 번째는 '**알파플라**'(alphapla)라는 매트리스로, 스포츠용 신발의 깔창을 만드는 회사가 개발한 제품이다. 처음 소개한 트루슬리퍼와는 달리, 자면서 몸을 뒤척이는 횟수에는 차이가 없다. 그러나 아주 천천히 **자연스럽게 몸을 뒤척이게 되어 있어서**, 뒤척인 후에도 다시 금방 잠들 수 있다.

사람이 자면서 몸을 뒤척이는 이유를 간단히 설명하면 이렇다. 사람이 똑바로 누워서 자면, 혈액이 아래쪽으로 쉽게 몰리기 때문에 등이나 허리의 혈액 순환이 나빠진다. 정체되어 있는 혈액이 뭉치게 되면 심근경색 등을 일으킬 수 있다. 그러므로 이런 현상을 피하고자 무의식적으로 몸을 뒤척이게 되는 것이다.

일반적으로 **사람은 보통 하룻밤에 5~6번 정도 몸을 뒤척이며 잠을 잔다.** 이런 뒤척임이 제대로 이루어지지 않거나 반대로 지나치게 뒤척일 때 수면의 질이 나빠진다.

이때 **체온이 높은 어린이와 운동선수**가 문제가 된다. 어린이나 운동선수는 신진대사가 활발하기 때문에 체온이 높다. 몸을 뒤척이지 않고 오랜 시간 매트리스와 몸이 밀착되어 있으면, 몸 안에 열이 쌓여 오히려 잠을 설치게 된다.

사실 알파플라는 운동선수나 계속 자리에 누워서 지내는 노인들용으로 만들어졌다. 그러면 그 구조는 어떻게 되어 있을까?

알파플라는 **특수 가공된 실리콘 겔이 한 장의 패널 형태로 매트리스 사**

이에 들어가 있다. 이 실리콘 패널을 누르면서 몸을 구르며 뒤척일 수 있게 되어 있는 것이다. 그렇기 때문에 사용자는 몸을 천천히 뒤척이게 된다.

사람의 몸은 그 구조가 본래 몸을 뒤척일 때 꽤 힘이 들게 되어 있다. 그런데 알파플라를 사용하면 쓸데없는 에너지 낭비를 막을 수 있다. 그리하여 수면의 질을 높일 수 있는 것이다.

세 번째는 '뉴밍'(new ming)이라는 제품으로, 누워 있는 사람을 강제로 스르르 잠들게 만드는 매트리스이다.

129쪽 표를 보자. 불면증 환자에게 사용한 결과, 보통 잠들기까지 평균 22분 걸리던 것이 15분으로 줄어들었고 **수면 효율이 4%나 올라간 것**으로 나타났다.

수면 효율이란, 잠자리에 누워 있는 시간과 수면 시간의 비율이다. 예를 들어 잠자리에 10시간을 누워 있었는데 그중 9시간을 자고 있었다면, 수면 효율은 90%가 된다.

그러면 이 매트리스는 어떤 구조로 되어 있을까? 뉴밍은 소위 진동 매트리스라고 하는 제품이다.

보통 때 그냥 앉아 있을 때와 출근 버스나 지하철에 앉아 있을 때를 비교해보자. 어떨 때 잠이 잘 오는가? 혹시 버스나 지하철 또는 마사지 의자에 앉아 있다가 자신도 모르는 사이에 깜빡 잠들어버린 적은 없는가?

사실 **사람은 어느 정도 진동을 느낄 때 잠이 오게 되어 있다.** 안타깝게

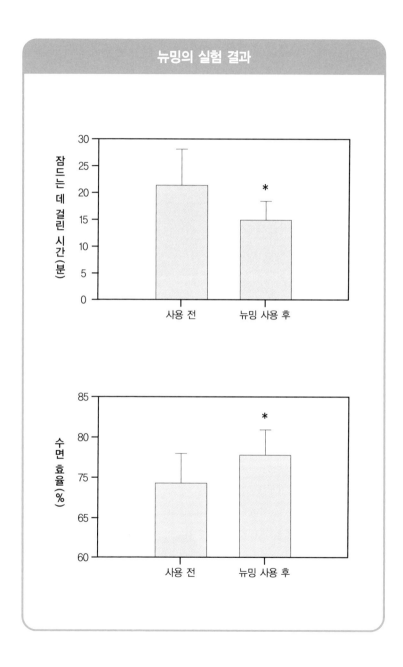

뉴밍의 실험 결과

도 아직 그 메커니즘은 규명되지 않았으나, 실험 결과를 보아도 뉴밍을 사용했을 때 수면의 질이 좋아졌다는 것을 알 수 있다. 뉴밍은 특히 **불면증을 겪고 있는 사람이나 잠을 자주 설치는 사람에게 추천하고 싶은 매트리스**이다.

이처럼 최근에는 다양하게 연구가 진행되고 있어, 매트리스도 과학을 바탕으로 만들어지는 단계에 와 있다. 잠을 잘 못 자고 있는 사람이라면 꼭 사용해보기를 권한다.

지하철에서 흔들리는 것도 뉴밍?

트루슬리퍼
http://www.truesleeper.jp

알파플라
http://www.taica.co.jp/pla/goods

뉴밍
http://www.toyoumo.jp/

매트리스를 바꾸어보자!

숙면에 도움이 되는 건강기능식품

수면의 질을 높이는 데 효과가 있는 건강보조식품을 몇 가지 소개하고자 한다.

우선 **글리신이라고 하는 아미노산**이 있다. 133쪽 표는 가벼운 불면증을 겪고 있는 사람에게 글리신을 사용하게 했을 때 나타난 결과다.

글리신을 사용하기 전과 사용한 후에 활동량의 변화가 어떻게 다르게 나타났는지, 앞에서 소개한 라이프코더를 이용하여 측정해보았다. 그랬더니 잠자리에 들어서 잠들기까지의 시간에는 별다른 변화가 없었다. 그런데 **잠자다 말고 중간에 눈을 뜨는 중도 각성이 줄어들었다.** 더 재미있는 것은 **오전 11시부터 12시까지의 활동량**이다.

글리신을 사용한 경우를 보면, 확실하게 잠을 잘 잤기 때문에 **점심**

글리신 실험 결과

사용 전

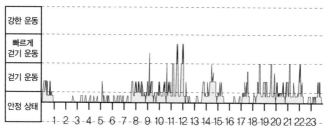

사용 후

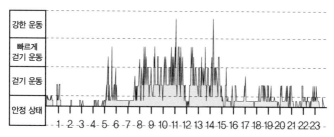

식사 때까지 활동량이 점점 늘어났다. 이에 비해 글리신을 사용하지 않은 경우에는, 오전 11시 무렵에 일단 에너지 공급이 중단되어 활동량이 뚝 떨어진 모습을 보이고 있다. 그러니까 글리신을 사용한 경우에는 **아침부터 씩씩하게 활동할 수 있었던 것이다.**

사실 **사람은 누구나 낮에서 밤까지는 체온이 올라가 있기 때문에, 업무와 관련된 능률이나 효율은 별다른 차이가 없다.** 하지만 유능한 사람이라는 말을 듣는 사람이 있다. 이런 사람은 도대체 어디가 다른 것일까? 바로 **오전 중 활동량**이다. 여기서 결정적인 차이가 발생한다.

유능한 사람들은 오후가 되면 업무 능률이 떨어진다는 것을 직감으로 알고 있다. 그렇기 때문에 **집중력을 발휘할 수 있는 오전 중에** 중요한 일을 한꺼번에 처리해 놓는다.

자기 전에 체온을 올리고 싶으면, 목욕을 하거나 운동을 하거나 해서 스스로 조절할 수 있다. 그러나 자는 동안에 체온을 떨어뜨리려면 어떻게 해야 하는지 잘 떠오르지 않을 것이다.

실제로 자는 동안에 체온은 자기 의지로 조절할 수가 없다. 그렇다고 실내 온도를 너무 낮추어 놓으면 잠이 달아난다.

글리신을 취침 전에 복용하면, 자고 있는 동안에 체온이 떨어진다는 것을 알 수 있다. 체온이 쉽게 떨어져 빨리 깊은 잠에 들어가기 때문에, 웬만해서는 중간에 눈을 뜨지 않게 된다. 수면의 질이 상당히 좋아지는 것이다.

여러 번 이야기했지만, 숙면을 취하는 데 빠뜨릴 수 없는 요소가 손과 발을 지나는 혈액량이 늘어나게 하는 것이다. 최근의 연구 결과 글리신이 뇌에 작용하여 **손과 발로 가는 혈액량을 늘린다**는 사실이 밝혀졌다.

글리신은 잠이 잘 오도록 도운 다음에 최종적으로는 몸 안에서 콜라겐으로 바뀌기 때문에 부작용도 전혀 없다. 잠을 부르는 아미노산으로 이미 시중에 판매되고 있으니, 잠을 잘 못 이루고 있다면 사용해보기 바란다.

글리나
http://www.ajinomoto-ff.com/glyna/

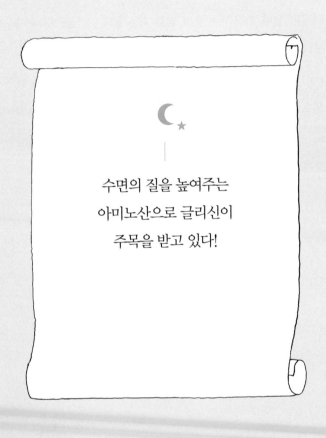

수면의 질을 높여주는
아미노산으로 글리신이
주목을 받고 있다!

매운 고추의 놀라운 효과

앞에서 설명한 바와 같이 고추의 주성분인 캡사이신에는 일시적으로 체온을 크게 올렸다가 다시 크게 떨어뜨리는 효능이 있다.

이런 효능을 이용하면, 체온을 조절해서 숙면을 취하는 데 도움이 된다.

그런데 한 가지 문제가 있으니, 매운 것을 못 먹는 사람은 섭취하기가 매우 어렵다는 것이다.

이런 문제를 해결한 것이 '캡시에이트'(capsiate)이다. 캡시에이트는 캡사이신의 변이체로, **체온을 올려주는 효과는 고추의 10배 정도인데 맵지 않다는 것이 특징**이다. 현재 캡시에이트는 건강보조식품으로 상품화된 것도 있다.

수면 효과와 더불어 **다이어트 효과**도 있으니, 잠을 잘 자고 싶은 사람은 저녁 식사를 한 후에 복용하면 좋을 것이다.

캡시에이트
http://www.ajinomoto-ff.com/capsiate_natura/

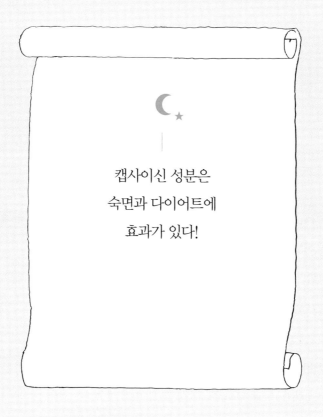

캡사이신 성분은
숙면과 다이어트에
효과가 있다!

졸음을 부르는 멜라토닌 우유

멜라토닌은 스스로 만들 수도 있고 건강보조식품으로 섭취해도 된다. 어느 쪽이든 멜라토닌은 뇌에 작용하여 졸음을 부른다.

멜라토닌이 대량으로 함유되어 있는 것이 밤에 짠 우유인 나이트밀크이다. 나이트 밀크를 **멜라토닌 우유**라고 부르는 경우도 있는데, 여기에는 **보통 우유의 3~4배에 이르는 멜라토닌이 들어 있다.**

멜라토닌 우유를 따뜻하게 데워서 밤에 마시면, 일시적으로 체온이 올라가고 멜라토닌이 작용해 잠이 오게 된다. 잠이 잘 오지 않을 때 마시면 좋다.

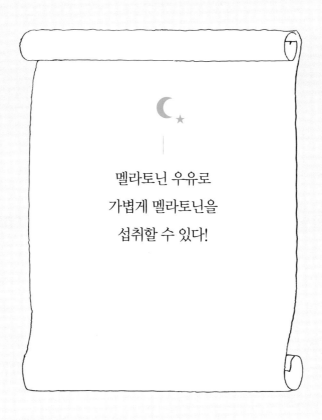

멜라토닌 우유로
가볍게 멜라토닌을
섭취할 수 있다!

스르르 잠들게 해주는 음악 CD

손쉽게 사용할 수 있는 수면 제품 가운데 잠을 부르는 음악 CD도 빠질 수 없다.

본래 음악이라는 것은 숙면을 방해한다. 그러나 현대 사회에서는 **음악이 숙면에 빠질 수 없는 요소**가 되었다고 본다. 왜냐하면 우리가 살고 있는 주변 환경이 언제나 잡다한 소리에 둘러싸여 있기 때문이다. 이불 속에 들어가 눈을 감으면, 멀리서 자동차 달리는 소리가 들릴 수도 있다.

소음은 도심에서 살수록 심하게 느낄 수 있다. 신경이 예민한 사람은 그런 소리 때문에 잠을 설치기도 한다. 이런 잡다한 소리를 없애 버리는 데 효과적인 것이 바로 음악이다.

사람은 순응하는 기능을 가지고 있다. 예를 들어 어떤 냄새가 나는 방에 들어갔다고 해보자. 처음에는 이게 무슨 냄새냐고 강하게 느끼겠지만, 잠시 시간이 지나면 그 냄새를 못 느끼게 된다. 이것이 순응이다.

이러한 순응 기능은 잠잘 때 틀어놓는 음악에도 응용할 수가 있다. 잠들 때 단조로운 음악을 들으면, 처음에는 좀 신경이 쓰인다. 그러다가 조금씩 순응이 되면서 음악은 물론이고 음악 그 자체를 느끼지 못하게 된다. **잡다한 소음을 없애는 방법으로 단조로운 음악을 듣는 것이 아주 효과가 있다.**

그뿐 아니라 현대 사회는 스트레스가 많은 사회이다. 눈을 감고 자려는데, 그날 있었던 기분 나쁜 일들이 마구 떠오른다. 그러다 결국 신경이 쓰여서 잠이 안 오기도 한다. 이런 나쁜 기억을 없애는 데도 음악은 아주 유용한 수단이 된다.

잠드는 데 음악이 얼마나 효과가 있는지를 실험해본 적이 있다. 그 결과를 보았더니 음악이 시작된 지 1분 만에 잠든 경우도 있었고, **평균적으로는 6분 반 만에 잠이 드는 것**으로 나타났다.

이처럼 음악을 들으며 잠을 청하면, 쉽게 잠들 수도 있거니와 숙면을 취하는 데도 도움이 된다. 꼭 실천해보기 바란다.

음악의 효과는
이미 검증되었다.

쾌면에 효과가 좋은 입욕제

아로마를 사용하면 숙면을 취할 수 있다고 흔히 이야기한다. 그러나 실제로 검증된 실험 데이터는 제대로 나와 있지 않다.

그보다 여기서 추천하고 싶은 것은 **입욕제를 사용하는 것**이다. 입욕제를 사용한 실험 결과, 146쪽과 같은 표를 얻을 수 있었다. 이 실험에 사용한 입욕제는 쌀겨 발효 엑기스를 배합한 것인데, **깊은 잠을 자는 시간이 증가**한 것으로 나타났다.

깊은 잠이 증가한다는 것은 **미용과 건강에 반드시 필요한 성장 호르몬이 증가한다는 것**을 가리킨다. 효과적으로 깊은 잠을 늘리고 싶다면 꼭 실천해보기 바란다.

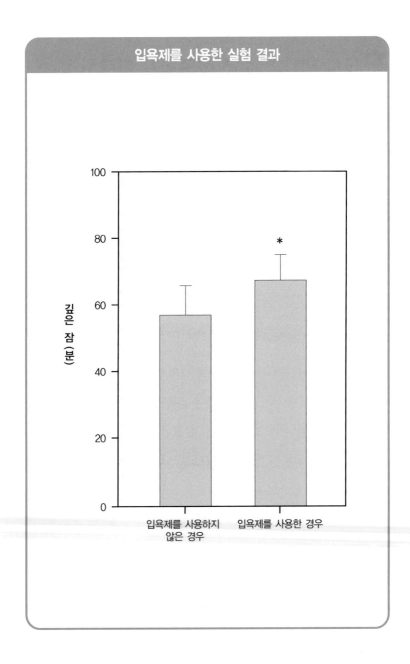

입욕제를 사용한 실험 결과

깊은 잠 (분)

100

80

*

60

40

20

0

입욕제를 사용하지
않은 경우

입욕제를 사용한 경우

입욕제를 사용하여
쾌면을 돕자!

슬립트래커, 상쾌한 아침을
깨워주는 손목시계

마지막으로 소개하려는 제품은 알람시계이다. 이 알람시계는 **사람이 깊은 잠에서 올라와 어렴풋이 얕은 잠에 들어온 순간을 감지하여 그에 맞춰 잠을 깨워준다. 손목시계 형태를 한 '슬립트래커'(Sleeptracker)라는 제품이다.**

예를 들어 이 알람시계에 오전 6시 20분부터 6시 40분을 기상 시간으로 설정했다고 해보자. 그러면 그 시간 중에 잠이 얕아지는 순간을 감지하여 알람이 울리도록 되어 있다. **얕은 잠으로 올라온 상태에서 깨워주기** 때문에, 비교적 수월하게 눈을 뜨고 일어날 수가 있다. 149쪽 표를 보자.

수면 상태는 잠의 깊이에 따라 1단계에서 4단계로 나뉜다. 그런데

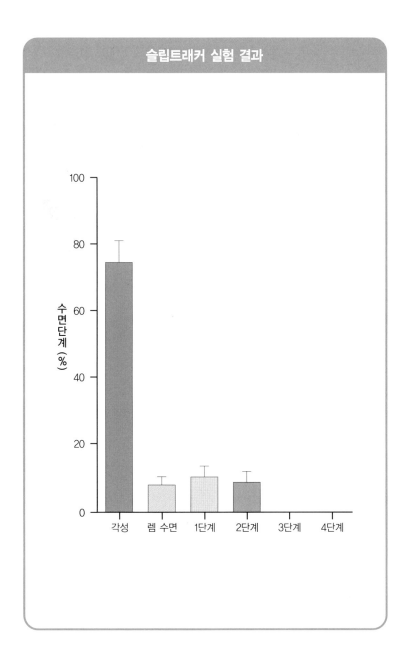

슬립트래커 실험 결과

이 표를 보면, **어느 정도 잠에서 깨어난 상태(각성 상태)일 때 알람시계가 울리는 확률이 거의 70%**에 이르고 있다. 그리고 렘 수면일 때와 1단계, 2단계 수면 상태에서 각각 10% 확률로 알람이 울렸다. 알람시계의 성능을 말해주는 실험 결과라 할 수 있겠다. 이 알람시계는 특히 **아침에 잘 일어나지 못하는 사람**에게 추천한다.

슬립트래커

아침에 잘 일어나지 못하는
사람은 알람시계를 바꾸어보자!

세계 제일의 수면 전문의가 가르쳐주는
4시간 반 숙면법

초판 1쇄 발행 _ 2011년 1월 15일
초판 4쇄 발행 _ 2012년 10월 30일

지은이 _ 엔도 다쿠로
옮긴이 _ 임정희
펴낸이 _ 명혜정
펴낸곳 _ 도서출판 이아소

디자인 _ 조수영, 이현해

등록번호 _ 제311-2004-00014호
등록일자 _ 2004년 4월 22일
주소 _ 121-850 서울시 마포구 성산동 591-4번지 대명비첸시티 1503호
전화 _ (02)337-0446 팩스_ (02)337-0402

책값은 뒤표지에 있습니다.
ISBN 978-89-92131-41-4 03320

도서출판 이아소는 독자 여러분의 의견을 소중하게 생각합니다.
E-mail _ iasobook@gmail.com